PRENTICE HALL
WRITING AND GRAMMAR

Spanish Speakers' Handbook

Grade Eleven

Boston, Massachusetts,
Upper Saddle River, New Jersey

ISBN 0-13-361514-6

1 2 3 4 5 6 7 8 9 10   10 09 08 07

Introduction

Parte 1: Escritura

Parte 2: Gramática

INTRODUCTION

The *Spanish-Speakers' Handbook* is a companion to the Prentice Hall *Writing and Grammar: Communication in Action* student edition and parallels each grade level textbook. It was designed with these objectives in mind:

- Assist the students' comprehension of the explanations, annotations, directions, and examples in the English language textbook
- Provide additional practice in writing and grammar

These goals are achieved through Spanish summaries and translations that give step-by-step support for every chapter in each of the three sections of the textbook: **Writing, Grammar,** and **Academic and Workplace Skills**.

The *Spanish-Speakers' Handbook* includes the following:

◆ Spanish Translations

- Key concepts for quick comprehension
- Grammar explanations
- English directions and examples

◆ Additional Explanations

- Contrasting Spanish and English spelling, punctuation, and capitalization rules to highlight the differences in usage
- Additional notes that clarify concepts and compare or contrast difficult grammar points for Spanish-speaking English learners

◆ Additional Practice and Applications

- A variety of exercises and activities, both in Spanish and in English, which provide additional practice

In short, the Handbook is intended to help Spanish-speaking students that are learning English to acquire essential writing, grammar and work-related skills.

CAPÍTULO 1

El escritor en ti

◆ ¿Por qué escribes?

Quizá no te des cuenta qué tanto escribes a diario. La lista de cosas pendientes para el día siguiente, el mensaje que les dejas a tus padres cuando sales a algún lado y la solicitud de empleo que llenas durante las vacaciones son sólo unos pocos ejemplos. En la escuela también tienes que escribir constantemente: tomar notas, hacer informes, planear un proyecto, etc.

Al escribir, utilizas uno de los instrumentos de comunicación más poderosos que te servirá hoy y por el resto de tu vida. Es una forma de comunicarles a otras personas tus pensamientos, opiniones y conocimientos. Cuando hayas terminado todos tus estudios, escribir formará parte de tus actividades diarias y de tu vida personal.

◆ ¿Qué necesitas para escribir bien?

Buenas ideas Las ideas son el alma de un escrito. Piensa en ideas interesantes que hagan que tus lectores vean el tema desde una perspectiva diferente.

Organización clara El material de tu escrito debe estar organizado de una manera lógica según el tema que hayas escogido. Según la clase de escrito, selecciona una estructura determinada y síguela a lo largo de tu trabajo. Al final, asegúrate de atar los cabos sueltos y dejarle al lector algo en qué pensar.

Voz personal Ésta es la forma única en que cada escritor se expresa, tan inconfundible como el sonido de la voz que sale de tu garganta. Sigue las normas del idioma en el que estás escribiendo, pero no olvides darle tu toque personal característico.

Palabras apropiadas Las palabras que escojas tendrán mucho que ver con la efectividad de tu escrito. Procura seleccionar las que describan con mayor viveza y exactitud lo que quieres expresar. No se trata de aprender un montón de palabras nuevas sino de aprender a usar correctamente las que ya sabes.

Oraciones fluidas Tu escrito debe tener su propio ritmo. Las oraciones deben fluir sin dificultad de una a otra y ser fáciles de leer en voz alta.

Seguimiento de las reglas Tanto para escribir en español como en inglés, debes seguir las reglas de gramática, ortografía y puntuación. Tus escritos perderán calidad si tienen errores en estas áreas.

◆ Tu desarrollo como escritor

Estás lleno de ideas pero no sabes por dónde comenzar. O quizá no se te ocurre nada sobre lo cual escribir. Cualquiera que sea el caso, debes empezar por desarrollar un sistema que funcione en tu caso particular.

Piensa en cómo podrías utilizar los siguientes consejos:

Haz un banco de ideas

Las ideas aparecen en los lugares y momentos más inusitados. Acostúmbrate a llevar una libreta de apuntes para que puedas anotar en cualquier momento un pensamiento gracioso, una pregunta que se te ocurre o una frase interesante que acabas de escuchar. Cuando necesites ideas para un escrito, puedes hojear tu libreta y allí encontrarás muchas posibilidades. Puedes también crear un álbum de recortes con material de revistas, periódicos, cartas, etc., que puedan servirte de inspiración en algún momento. O lleva un diario personal, en el que puedas escribir más libremente pero con más frecuencia. Recuerda que la práctica hace al maestro.

Crea una carpeta Mantén un portafolios actualizado, en una carpeta o en tu computadora, que te permita analizar tu progreso como escritor. Puedes incluir el escrito final y algunos de los borradores para poder apreciar los cambios que hiciste durante la revisión y corrección.

Lleva un diario de lecturas La escritura y la lectura van siempre de la mano. Entre más leas, más aprenderás como escritor. Anota en tu diario de lecturas los títulos de los libros que vayas leyendo y los nombres de sus autores, e incluye citas que reflejen el estilo de ese escritor.

¿Qué funciona mejor para ti?

Escribe libremente Escribe todo lo que se te ocurra sin preocuparte por el estilo ni la forma. A algunos escritores les gusta hacer esto porque sus ideas fluyen con más libertad.

Halla ideas Busca inspiración en diferentes fuentes escritas, entre ellas tu diario, o en otros medios de divulgación.

Escribe el borrador Puedes hacer un esquema general o trabajar en cada parte por separado, sin necesidad de comenzar por el principio. ¡Al final puedes armar el rompecabezas!

Corrige Quizá prefieras sentarte solo en un lugar tranquilo. ¿Por qué no intentas dárselo a un compañero para que te dé ideas nuevas?

Experimenta

No te encasilles en un molde. Escribir es un proceso creativo y flexible, y vale la pena ensayar muchas cosas nuevas. Luego, dedícale un tiempo a analizar los resultados de tus experimentos.

◆ ¡Organízate¡

Para escribir, escoge un lugar sin distracciones en donde puedas dejar volar la imaginación.
Debes tener a mano todo lo que necesites: papel y lápiz o una computadora, un diccionario,
un diccionario de sinónimos, tus apuntes, etc.

Distribuye el tiempo: es la mejor manera de saber qué te propones hacer cada día.
Divide tu proyecto en fases cortas y procura planear el tiempo suficiente para
completarlas. No importa si tienes que hacer cambios más adelante.

◆ Trabaja con otros

Aunque tu propósito es desarrollar un estilo propio, la ayuda de otros es valiosa. Hay
mucho que aprender de los demás, y a veces ellos nos ayudan a descubrir cosas de
nosotros mismos que no sabíamos. He aquí algunas ideas:

Lluvia de ideas Es el equivalente a escribir todo lo que se te ocurra. Cada persona del
grupo aporta las ideas que le vengan a la cabeza y las demás personas hacen comentarios
o sugieren algo diferente.

Escritura en colaboración y cooperativa ¿Qué te parece si, en vez de escribir ese
informe solo, tu grupo dividiera el trabajo y cada persona se encargara de una de las
partes? Hasta se pueden escribir poemas en grupo y existen muchas obras de teatro que
son creación colectiva.

Compañeros revisores Puede que quieras trabajar solo en tu escrito, pero si alguna
persona de tu grupo lee tu borrador, podrá decirte cuáles son las partes fuertes y cuáles
las flojas o confusas.

◆ Reflexiona sobre tus metas como escritor

Es hora de reflexionar sobre tu trabajo como escritor. ¿Qué puedes preguntarte?

- ¿Qué tipo de escritos disfruto más haciendo? ¿Cuáles me gustan menos?
- ¿Qué clase de escrito me gustaría ensayar?
- ¿Cuál es mi lugar favorito para escribir?
- ¿A qué hora del día se me ocurren las mejores ideas?
- ¿Hay algún tipo de libro que me parece que hace falta escribir? ¿Me gustaría intentarlo
  algún día?

CAPÍTULO 2

El proceso de escritura

◆ Tipos de escritura

Las siguientes son las clases de escritos de las que hablaremos en este libro. Los pasos del proceso de escribir que verás más adelante te ayudarán a mejorar en cada cosa que te propongas escribir.

- Narraciones
- Descripciones
- Escritos persuasivos
- Escritos explicativos
- Informes
- Reseñas literarias
- Poemas y obras de teatro
- Exámenes y pruebas
- Escritos formales

Los escritos también se pueden dividir en dos categorías grandes: Los **reflexivos** son los que escribimos para nosotros mismos, como poemas y diarios personales, en los cuales exploramos nuestro interior y aprendemos sobre nosotros mismos. Los **extensivos** se escriben para otras personas (escritos de investigación, informes, cuentos, etc.) y en ellos adoptamos un tono más autoritario.

◆ El proceso de escritura

Estos son los pasos que utilizarás en el proceso de escribir:

- Antes de escribir
- Hacer el borrador
- Revisar
- Corregir
- Publicar y presentar

No existe un orden determinado. Puedes saltar de un paso a otro y complementar lo que estás escribiendo con ideas más frescas. Es posible que decidas no seguir adelante con un proyecto por el momento y lo desarrolles más adelante.

2.1 ¿Qué haces antes de escribir?

¿Por dónde empezar? Hay muchas maneras, y tanto en tu libro de texto como en este manual encontrarás muchas sugerencias.

◆ Elige un tema

Debes saber sobre qué vas a escribir. Entre más conozcas y disfrutes el tema, mejores resultados obtendrás. Puedes hacer una lista de ideas en el orden en que se te ocurran, o hacer una lista de personas o de lugares importantes para ti, describiendo cada uno con una palabra y añadiendo algún detalle interesante. De esta primera lluvia de ideas podrás escoger más fácilmente.

◆ Limita tu tema

Procura que tu tema no sea ni muy general, ni demasiado amplio.

> ✍ **Actividad: Preguntas de invención clásica** Crea preguntas para cada una de las siguientes categorías: Testimonio, Circunstancias, Relación, Comparación y Definición. Anota tus respuestas en tu cuaderno e intenta establecer conexiones entre las respuestas a tus preguntas.

◆ Tu público y tu propósito

Piensa en quién lo leerá. Cuando hayas identificado al público, puedes pensar en la mejor manera de comunicarte con él.

Considera a tu público Decide quiénes leerán tu escrito y considera lo que ya saben sobre el tema.

Considera tu propósito Piensa en tus razones para escribir:

- Persuadir
- Entretener
- Informar

◆ Recopila detalles

Según el tipo de escrito que tengas en mente, la reunión de detalles será un poco diferente. Puedes aplicar numerosas estrategias que aprenderás a lo largo de este curso, como contestar a «las cinco preguntas»: *Who? What? When? Where? Why?* (¿quién? ¿qué? ¿cuándo? ¿dónde? ¿por qué?). Dividir el tema en diferentes aspectos y hacer listas de detalles para cada uno o hacer un esquema de las secciones que quieres incluir en tu composición.

2.2 ¿Qué es un borrador?

◆ Da forma a tu escrito

Concéntrate en tu objetivo Según el tipo de escrito que estés haciendo, tu objetivo será diferente: informar, divertir, narrar, etc. Tenlo presente mientras escribes tu borrador.

Captura el interés de los lectores desde el principio Escoge cuidadosamente la oración o la pregunta con la que vas a comenzar. Es como un abrebocas para tus lectores, y de lo apetitoso que sea dependerá el interés con que lean el resto.

◆ Desarrolla tus ideas

Sigue el plan que te fijaste en la etapa de antes de escribir. Comienza a presentar tus ideas y a desarrollarlas por medio de detalles y explicaciones. Explora las diferentes dimensiones y posibilidades de cada idea.

2.3 ¿Qué revisar?

En esta etapa tomas el borrador que escribiste y lo lees con el propósito de mejorarlo.

◆ Usa colores para revisar

La palabra **racionabilidad** describe un método de pensar lógica y sistemáticamente para llegar a una conclusión. Utilizar colores como sistema te ayudará a revisar. Puedes analizar tu borrador de esta manera:

- Encierra los verbos en un círculo.
- Coloca entre corchetes las primeras palabras de las oraciones.
- Destaca con color el tipo de lenguaje que hayas usado.

◆ Revisa la estructura general

Analiza la forma en que presentaste tus ideas y cómo organizaste los detalles para apoyarlas. Quizá te convenga reorganizar los párrafos para darle más fluidez al escrito.

◆ Revisa los párrafos

Considera cada párrafo por separado. ¿Presenta una idea específica? ¿Contiene suficientes detalles para apoyarla?

◆ Revisa las oraciones

Combina oraciones para hacer fluir las ideas más fácilmente. Alterna oraciones cortas con otras un poco más largas. Evita las oraciones demasiado largas.

◆ Revisa las palabras usadas

Identifica las palabras que expresan tus ideas de la mejor manera.

◆ Revisión por compañeros

Mientras revisas, hallarás de gran ayuda la opinión de otra persona.

Sé específico Aunque es alentador oír a tus compañeros decir que les gusta tu trabajo, pídeles que te hagan comentarios específicos que te ayuden a revisar tus escritos.

> ✍ **Actividad: Corta y pega** Revisa tus escritos cortando y pegando los párrafos para cambiar su orden y mejorar su organización. Si usas un documento electrónico en la computadora debes guardar el documento original. Si cortas y pegas manualmente, puedes fotocopiar tu escrito original.

2.4 ¿Qué es corregir?

◆ Concéntrate en leer

Aquí es donde tienes que leer tu escrito una vez más y revisar cuidadosamente la gramática, la puntuación y la ortografía. Pon en práctica estos consejos:

Verifica la ortografía Usa el diccionario para asegurarte de la ortografía de las palabras que no conozcas bien.

Sigue las reglas de la gramática y el uso Corrige los errores gramaticales que encuentres. Asegúrate de que cada oración expresa realmente lo que quieres decir.

Verifica datos Comprueba la exactitud de fechas, cifras, citas textuales y nombres.

Confirma la legibilidad Pídele a un compañero o a alguien de tu familia que revise tu escrito. Ellos probablemente encontrarán errores que se te han escapado.

2.5 ¿Qué es publicar y presentar?

◆ Más adelante

Esta descripción del proceso de escritura te da una idea de las estrategias y técnicas que puedes usar al escribir.

Crea una carpeta Como tus trabajos son valiosos, organízalos y guárdalos en una carpeta de trabajos.

Reflexiona sobre lo que escribiste Cada vez que completas un trabajo escrito tienes la posibilidad de aprender algo sobre ti mismo, algo sobre tu tema y algo sobre el proceso de escritura. Para sacar provecho de esta oportunidad, revisa las preguntas al final de cada capítulo.

Evalúa tu escrito Al final de cada capítulo hay criterios de evaluación.

CAPÍTULO 3

Párrafos y composiciones
Estructura y estilo

◆ ¿Qué son los párrafos y las composiciones?

Un **párrafo** es un grupo de oraciones que sostiene y desarrolla una idea principal. Los párrafos te ayudan a organizar los escritos y a presentar la información de una manera lógica. Una **composición** o redacción es un conjunto de párrafos relacionados con el fin de desarrollar una idea.

3.1 Párrafos bien escritos

Cuando decides escribir sobre un tema, piensas en las ideas que te ayudarán a darle forma a tu escrito. Cada una de esas ideas se convertirá en la idea principal de un párrafo. Si te fijas en los párrafos de uno de tus libros predilectos, te darás cuenta que a veces el escritor expresa la idea principal en una oración que presenta el tema y otras veces deja que el lector (en este caso, tú) la deduzca. El resto del párrafo está formado por oraciones de apoyo que ofrecen detalles para explicar la idea principal del mismo.

◆ Escribe la oración que presenta el tema

Sigue los siguientes pasos para escribir la oración temática:

- **Repasa** tu lista de detalles.
- **Forma grupos de detalles** relacionados.
- **Escribe una oración** que represente cada grupo de detalles.

◆ Escribe las oraciones de apoyo

Las siguientes estrategias te ayudarán a escribir las oraciones de apoyo:

- **Menciona hechos** Los hechos son enunciados que pueden ser probados.
- **Utiliza estadísticas** Una estadística es un hecho presentado a través de números.
- **Da ejemplos** Los ejemplos ayudan a demostrar los hechos.
- **Usa detalles** Los detalles ilustran algo específico.

◆ Ubica la oración temática

Muchos escritores colocan la oración que presenta el tema al principio del párrafo para encaminar la atención del lector. Otros deciden dejarla al final, como resumen o conclusión de los detalles que se ofrecieron. También puede ir en el centro del párrafo. Tú decides dónde ponerla, según el efecto que desees lograr. Puedes cambiar el orden de las oraciones en cualquier momento del proceso.

3.2 *Los párrafos en ensayos y otras composiciones*

◆ Unidad y coherencia

Cuando hayas terminado de escribir el párrafo, asegúrate de que posea estas dos cualidades: unidad y coherencia.

Unidad La unidad consiste en que todas las oraciones del párrafo tengan que ver con la idea principal del mismo.

Coherencia La coherencia de un párrafo significa que las oraciones de apoyo se presenten en un orden lógico.

◆ Estructura de una composición

Una composición o redacción de cualquier tipo generalmente tiene tres partes básicas:

Introducción La introducción presenta el tema y estimula el interés del lector.

Desarrollo El desarrollo está formado por los párrafos que explican y apoyan el tema.

Conclusión La conclusión es la parte final, en la cual se recuerda el tema que se presentó en la introducción y se llega a una resolución o a un punto en el cual el lector va a sentir el deseo de investigar más.

◆ Tipos de párrafos

Cuando hayas decidido sobre qué tema escribir será hora de decidir qué tipo de párrafos quieres utilizar. Algunos serán como los que ya describimos, con una oración que presenta el tema y otras que lo apoyen. Otros tendrán un propósito determinado:

- **Despertar el interés del lector**
- **Indicar diálogo**
- **Marcar la transición entre dos ideas principales del escrito**

Bloques de párrafos

Si quieres desarrollar una idea en más de un párrafo, puedes escribir un bloque de párrafos. De esta manera podrás presentar con mayor claridad toda la información que posees y tu párrafo no será excesivamente largo.

3.3 *Estilo de escritura*

Tus escritos revelan parte de tu personalidad, así como la ropa que te pones, el corte de pelo que prefieres o la manera como decoras tu cuarto. A medida que practiques la redacción de diferentes clases de escritos, irás desarrollando un estilo único. Según el efecto que desees lograr, tendrás que variar la clase de **oraciones** que utilizas, las **palabras** que escoges y el **tono** general que le das a lo que escribas.

A veces preferirás utilizar un **lenguaje formal**, como cuando estés escribiendo una carta o un trabajo para la escuela. Otras veces querrás escribir en un **lenguaje informal**, por ejemplo en una carta amistosa o en una página de tu diario. Tanto el inglés como el español tienen reglas que debes seguir para escribir en lenguaje formal. Para hacerlo en lenguaje informal, exprésate de la misma manera como lo haces al hablar todos los días.

CAPÍTULO 4

Narración
Escritura autobiográfica

Es emocionante leer sobre algo que sucedió realmente en la vida de otra persona. Para muchas personas también es emocionante leer sobre lo que ha sucedido en tu vida. Cuando le escribes a alguien sobre algo que te sucedió, estás escribiendo una narración autobiográfica.

En un **escrito autobiográfico**, el escritor relata algo relacionado con su propia vida: un suceso, su relación con un amigo, una experiencia importante de su vida, etc. Al escribir sobre tu vida podrás compartirla con otras personas y aprenderás mucho acerca de ti mismo.

◆ Elementos de un escrito autobiográfico

Cuando escribas un relato autobiográfico debes incluir los siguientes elementos:

- El escritor como uno de los personajes del relato.
- Detalles, pensamientos y sentimientos vistos desde el punto de vista del escritor.
- Sucesos encadenados en un orden lógico.
- Un problema central o situación especial que se resuelve al final.

◆ Tipos de escritos autobiográficos

Puedes escoger una de las siguientes clases de escritos autobiográficos para compartir con los demás tus experiencias personales:

- **Bocetos autobiográficos:** con frecuencia se refieren a las primeras etapas de la vida del escritor y a sus cualidades o logros personales.
- **Memorias:** se basan en la relación del escritor con una persona, lugar o animal en particular.
- **Ensayos reflexivos, narraciones personales o incidentes autobiográficos:** además de relatar la experiencia del escritor, comparten con el lector la reacción del escritor ante dicha experiencia.
- **Anécdotas:** relatos humorísticos cortos de un suceso particular.

4.1 Conexión entre lectura y escritura

Lee el fragmento que aparece en tu libro de texto en inglés. Usa las estrategias de lectura y escritura de tu libro.

4.2 Antes de escribir

◆ Elige un tema

Lo más agradable de los escritos autobiográficos es poder repasar los sucesos de tu vida y determinar cuáles tienen un significado especial que te gustaría compartir con otras personas. Para escoger un buen tema puedes usar estrategias como hacer una cronología de tu vida con los sucesos más sobresalientes, hojear el álbum familiar y elegir una fotografía que te recuerde algo memorable, o acudir a tu libreta de notas para ver qué cosas interesantes te han sucedido recientemente.

◆ Limita tu tema

Fíjate si tu tema es demasiado general o demasiado extenso. Haz una lista de los sucesos relacionados con el mismo y escoge uno de ellos para desarrollarlo en tu escrito.

◆ Tu público y tu propósito

¿Quién va a leer lo que vas a escribir? ¿Deberás utilizar un lenguaje sencillo o uno más sofisticado? ¿Tendrás que incluir información adicional para que el lector o los lectores sepan exactamente a qué te refieres? Por otra parte, ¿quieres que tu escrito sea divertido, que le deje una moraleja al lector, o tienes otro tipo de objetivo?

◆ Recopila detalles

Haz una lista de los detalles principales y anota toda la información que recuerdes relacionada con cada uno. Más adelante puedes decidir qué elementos utilizarás y en qué orden los pondrás. Es posible que tengas que mirar otra vez algunas fotografías para poder describir a alguien, o que debas ir de nuevo al lugar en donde se desarrolló el suceso, porque la memoria puede fallarte. Quizá también tengas que investigar un poco más para incluir datos que no formaron necesariamente parte de tu experiencia pero que le servirán al lector para ubicarse mejor en tu relato.

4.3 Hacer un borrador

Cuando comiences a escribir, ten en cuenta estos consejos:

- **Despierta el interés** de los lectores con una oración que despierte su curiosidad.
- **Presenta los sucesos** en orden cronológico.
- **Desarrolla** cuidadosamente la introducción, el desarrollo y la conclusión.
- **Proporciona detalles** que le den vida a tu relato. Puedes, por ejemplo, incluir algunos de los pensamientos que cruzaron tu mente cuando esa situación se presentó. Incluye diálogos cuando sea necesario. Describe el lugar en que sucedieron los hechos.
- Al final, **escribe sobre lo que aprendiste** con esa experiencia.

  ✍ **Actividad: Autobiografía de la clase** Crea una autobiografía de la clase. Divide el trabajo entre varios compañeros y compañeras. Un grupo puede recoger fotos de acontecimientos que sucedieron en la clase; otro puede entrevistar a los estudiantes o a los maestros para recoger impresiones o recuerdos personales.

4.4 Revisar

Acuérdate de revisar tus escritos siguiendo lo aprendido en el Capítulo 2.3:

- **Revisa la estructura general**
- **Revisa los párrafos**
- **Revisa las oraciones**
- **Revisa las palabras usadas**
- **Revisión por compañeros**

4.5 Corregir

Corrige los errores de **gramática, ortografía** y **puntuación** que encuentres. Concéntrate en la ortografía haciendo uso de estos consejos sencillos:

- Encierra en un círculo las palabras dudosas y búscalas luego en el diccionario.
- Si trabajaste en una computadora, utiliza el corrector de ortografía, pero no olvides leer tu escrito con detenimiento para encontrar las palabras incorrectas que el corrector no haya detectado.
- Asegúrate de que los nombres propios estén bien escritos.

4.6 Publicar y presentar

◆ Crea una carpeta

¿Terminaste tu escrito? ¿Te cercioraste de que no contiene errores de gramática, ortografía y puntuación? ¿Estás satisfecho con la copia final? Si es así, estás listo para añadirlo a tu carpeta y para hacer una evaluación rápida de tu trabajo: ¿Qué dificultades encontraste? ¿Qué aprendiste sobre ti mismo?

También estás listo para publicarlo. Incluye algunas fotografías o ilustraciones para hacerlo más atractivo. Publícalo en el tablero de anuncios de tu salón o compártelo con un grupo de compañeros. ¡Felicitaciones!

CAPÍTULO 5

Narración
Cuento

Los cuentos forman parte de tu vida diaria. Los utilizas cuando le cuentas a un amigo lo que hiciste durante el fin de semana o cuando escribes un relato de algo que sale de tu imaginación. Los cuentos pueden emocionar, enseñar e inspirar a los lectores. Ya sean imaginarios o se basen total o parcialmente en hechos reales, casi siempre nos enseñan algo sobre nosotros mismos y el mundo que nos rodea.

◆ ¿Qué es un cuento?

Un **cuento** es un relato corto que tiene un argumento sencillo y se desarrolla en un ambiente limitado. Generalmente contiene un narrador y unos pocos personajes. Hay muchas clases de cuentos. He aquí algunos de ellos:

- **Narraciones históricas** basadas en hechos históricos, con algunos elementos de ficción.
- **Cuentos de misterio** que contienen un acertijo que se debe resolver.
- **Cuentos de suspenso** en los que la emoción se crea por medio de un peligro que se cierne sobre los personajes.
- **Cuentos de ciencia ficción** que presentan el futuro incluyendo valores del presente.

5.1 *Conexión entre lectura y escritura*

Lee el fragmento que aparece en tu libro de texto en inglés. Usa las estrategias de lectura y escritura de tu libro.

5.2 *Antes de escribir*

◆ Elige un tema

Existen muchas estrategias para seleccionar el tema de un cuento. Puedes encontrarlo en la letra de una de tus canciones favoritas, en la descripción de un lugar que conoces o en alguna situación imaginaria que te parezca interesante. Organiza una lista de tus ideas y escoge la que te guste más.

◆ Limita tu tema

Piensa en cómo quieres desarrollar el tema de tu cuento. Identifica y define a los personajes, el lugar en el cual transcurre la acción, el problema o situación central y la manera como se resuelve. Así evitarás desviarte de tu idea principal.

◆ Tu público y tu propósito

Es muy importante que sepas qué tipo de lectores leerán tu cuento. Esto te permitirá decidir la clase de lenguaje y vocabulario que vas a emplear. Considera también tu objetivo final: ¿Quieres divertir, asustar o inspirar a tus lectores?

◆ Recopila detalles

Recopila toda la información que puedas sobre el relato que quieres contar. Identifica el tipo de problema que se va a resolver y cómo reaccionará cada personaje frente al mismo. Decide el tiempo y espacio en que se desarrollará la acción y haz una lista de los detalles que ayudarán a ubicar al lector en ese ambiente. Describe a cada uno de tus personajes.

5.3 Hacer un borrador

◆ Da forma a tu escrito

En cuanto estés listo para comenzar tu borrador, planea cómo quieres contar el relato. Puedes hacer un esquema con los siguientes pasos para darle forma a tu escrito:

- **Presenta** los personajes y el ambiente.
- Desarrolla el problema o conflicto en **acción ascendente**, es decir, empieza por algo sencillo y aumenta gradualmente la intensidad de los sucesos.
- Alcanza el **clímax** o **punto culminante** del problema.
- Desarrolla la **acción descendente**, que son los sucesos que tienen lugar después del punto culminante.
- Imagínate una **conclusión** en la cual se resuelva el problema y termine el cuento.

◆ Elabora

Como ya tienes la estructura de tu cuento, sólo te resta llenar los vacíos. Para eso están los detalles que recopilaste al principio. Recuerda que no tienes que utilizarlos todos. Muchas veces, los detalles que se omiten ayudan a estimular la imaginación del lector.

5.4 Revisar

Acuérdate de revisar tus escritos siguiendo lo aprendido en el Capítulo 2.3:

- **Revisa la estructura general**
- **Revisa los párrafos**
- **Revisa las oraciones**
- **Revisa las palabras usadas**
- **Revisión por compañeros**

5.5 Corregir

Corrige los errores de **gramática, ortografía** y **puntuación** de tu cuento. Ponle particular atención a la puntuación, asegurándote de que no te falten puntos ni signos de interrogación o de exclamación. Revisa el uso de las comas y del punto y coma.

5.6 Publicar y presentar

◆ Crea una carpeta

Has terminado una nueva contribución para tu carpeta. Probablemente tuviste la oportunidad de leer los cuentos de otros compañeros y los de algunos escritores famosos. ¿Qué aprendiste de los cuentos de los demás? ¿Qué estrategia te gustó más? ¿De qué manera ha mejorado tu estilo?

Trata de publicar tu cuento en el periódico escolar o en otro tipo de publicación literaria a nivel local o regional. ¡Atrévete incluso a enviar una copia a una revista de distribución nacional! Trata de imaginar otras formas de divulgar tu cuento.

Descripción

Cada vez que hablas de uno de tus amigos, deportes o lugares predilectos, utilizas descripciones para que tu interlocutor se forme una imagen mental de lo que estás diciendo. A tu alrededor hay descripciones en muchas formas: anuncios publicitarios, folletos, programas de televisión, libros de texto, etc. En este capítulo aprenderás a utilizar las descripciones en el proceso de escribir.

◆ ¿Qué es la descripción?

Las **descripciones** son escritos que utilizan detalles vívidos para capturar la esencia de una escena, un momento, un lugar o una persona. Una buena descripción posee:

- detalles percibidos por los órganos de los sentidos (olores, sabores, sonidos, imágenes) y por las sensaciones físicas.
- un lenguaje vívido y exacto.
- comparaciones u otros tipos de figuras literarias.
- adjetivos y adverbios que le den más fuerza al escrito.
- una organización que se adapte al tema.

◆ Tipos de descripciones

Las descripciones pueden formar parte de un escrito o ser la totalidad del mismo. He aquí algunos ejemplos de escritos descriptivos:

- **Descripciones físicas:** se centran en el aspecto de alguien o algo.
- **Descripciones de ideas:** utilizan imágenes concretas o analogías para explicarle al lector un concepto abstracto o complicado.
- **Descripciones funcionales:** describen una por una las partes de un todo por una razón de tipo práctico (por ejemplo, cómo utilizar una grabadora de video).
- **Memorias:** descripciones de personas, lugares, cosas o sucesos que forman parte de un escrito autobiográfico.
- **Esbozos de personajes:** describen el aspecto y la individualidad de un personaje real o ficticio.

6.1 Conexión entre lectura y escritura

Lee el fragmento que aparece en tu libro de inglés. Usa las estrategias de lectura y escritura de tu libro.

6.2 *Antes de escribir*

◆ Elige un tema

Puedes encontrar un tema para tu descripción con sólo mirar a tu alrededor o acudir a tus recuerdos. Las siguientes son algunas de las estrategias que puedes utilizar:

> ✍ **Actividad: Haz una cronología** Haz una cronología con los aspectos más importantes de tu vida y piensa en alguna situación, lugar o persona que quieras describir.

> ✍ **Actividad: Haz una lista** Haz una lista de lugares que conozcas muy bien y escoge el que consideres más interesante.
> Hojea una revista y escoge una ilustración para utilizarla como tema de tu descripción.

◆ Limita tu tema

A veces el tema que escogemos para una descripción es demasiado extenso para desarrollarlo en un escrito corto. Entonces es necesario hacer una lista de los diferentes aspectos que lo componen y seleccionar uno de ellos.

◆ Tu público y tu propósito

Si sabes de antemano el tipo de lectores que van a leer tu descripción, podrás decidir el lenguaje y vocabulario que tienes que utilizar y la cantidad de detalles que puedes incluir. De la misma manera, según el objetivo que tengas (divertir, informar, asombrar), deberás utilizar detalles encaminados a lograrlo.

◆ Recopila detalles

Los detalles son el alma de las descripciones. Entre más detalles tengas sobre el tema que vas a presentar, más fácil te será seleccionar los más adecuados para darle vida a tu escrito. La **estrategia del cubo**, que se explica en tu libro de texto, te ayudará a examinar el tema desde seis ángulos diferentes y a reunir la información necesaria para comenzar a escribir el borrador. Consiste en:

- **describir** las características físicas del tema,
- **asociarlo** con algo que se le parezca, pensar en cómo
- **aplicarlo** de diferentes formas,
- **analizarlo** por partes,
- **compararlo** para encontrar semejanzas y diferencias con otros temas
- buscar sus **ventajas o desventajas.**

6.3 *Hacer un borrador*

◆ Da forma a tu escrito

¿Cómo puedes organizar la información? Aquí tienes un par de ideas:

- **Organiza los detalles según su posición espacial:** de arriba hacia abajo, de izquierda a derecha, de adentro hacia afuera, etc.
- **Organízalos por orden de importancia:** esta estrategia será muy útil cuando quieras describir una experiencia, una idea o un tipo de personalidad.

◆ Elabora

Luego, debes llenar los espacios con la lista de detalles que reuniste al principio, teni
en cuenta el efecto que quieras lograr con cada uno de los párrafos.

6.4 *Revisar*

Acuérdate de revisar tus escritos siguiendo lo aprendido en el Capítulo 2.3:

- **Revisa la estructura general**
- **Revisa los párrafos**
- **Revisa las oraciones**
- **Revisa las palabras usadas**
- **Revisión por compañeros**

6.5 *Corregir*

Busca y corrige los errores de **gramática, ortografía** y **puntuación** de tu descripción para
llegar a la copia final. Concéntrate esta vez en asegurarte de que las oraciones que
escribiste sean gramaticalmente correctas y no haya fragmentos sin sentido.

6.6 *Publicar y presentar*

◆ Crear una carpeta

Además de guardar una copia de la descripción final en tu carpeta, puedes organizar una
sesión literaria en el salón de clase para que tus compañeros y tú compartan sus escritos.
Al final puedes recopilar todas las descripciones y publicarlas en una revista de la clase.

◆ Reflexiona sobre lo que escribiste

Reflexiona en lo que acabas de aprender. Las destrezas descriptivas que pusiste en
práctica te ayudarán en todo tipo de escritos. ¿Cómo las aplicarías al escribir un cuento o
un relato autobiográfico? Quizá quieras volver a revisar tu portafolios y mejorar algunos
escritos previos con lo que aprendiste en este capítulo.

CAPÍTULO 7

Persuasión
Ensayo persuasivo

Cuando defiendes tus opiniones o tratas de convencer a alguien para que haga algo, estás utilizando tu capacidad de persuasión. Si lo haces eficazmente, el efecto puede ser muy poderoso. En este capítulo aprenderás cómo utilizarla en tus escritos.

◆ ¿Qué es un escrito persuasivo?

En un **escrito persuasivo** presentas tu opinión sobre un tema, les pides a los lectores que la acepten y los exhortas a actuar de una manera determinada. Aquí tienes algunas características de un escrito persuasivo eficaz:

- Explora un tema importante para el escritor.
- Trata sobre una idea controvertida.
- Utiliza hechos, ejemplos, estadísticas o experiencias personales para apoyar las opiniones.
- Intenta convencer a los lectores apelando a sus conocimientos, experiencias o emociones.
- Presenta un razonamiento lógico de manera bien organizada.

◆ Formas de persuasión

Existen muchas formas de persuasión. Estos son sólo algunos ejemplos acompañados de una explicación del objetivo de cada uno:

- **Editoriales:** son artículos periodísticos sobre un tema de actualidad que reflejan la opinión de los directores del periódico o revista en el que aparecen.
- **Artículos de opinión:** se escriben con el fin de expresar una posición determinada o influir sobre la toma de decisiones relacionadas con un tema actual.
- **Discursos persuasivos:** están dirigidos a una audiencia.
- **Debates:** el intercambio y enfrentamiento de ideas sobre un asunto.

7.1 Conexión entre lectura y escritura

Lee el fragmento que aparece en tu libro de texto en inglés. Usa las estrategias de lectura y escritura de tu libro.

7.2 Antes de escribir

◆ Elige un tema

Busca un tema que te interese personalmente. Si tienes que intentar convencer a otr
sería bueno que no tuvieras que comenzar por convencerte a ti mismo. Cerciórate de que
haya opiniones opuestas al respecto. Puedes, por ejemplo, tomar nota de las noticias que
leas en el periódico, veas en televisión o escuches en la radio. De las que más te
provoquen reacciones, escoge una para tu escrito. O reúnete con un grupo de compañeros
y haz una lista de los temas que les gustaría debatir. Selecciona uno de los que despierten
más opiniones a favor y en contra.

◆ Limita tu tema

Fíjate si tu tema es específico. Es posible que debas limitarte a un solo aspecto del mismo.
Haz una lista de ideas relacionadas y selecciona una de ellas. Haz otra lista de ideas que
tengan que ver con ésta última y así sucesivamente, hasta que llegues a una que sea lo
suficientemente concreta para utilizarla en tu escrito.

◆ Tu publico y tu propósito

El lenguaje que utilices depende del tipo de lectores que vayas a tener. Si sabes su edad,
el tipo de trabajo que realizan, sus intereses y valores, podrás escribir de una forma que
sea convincente para ellos. Trata de averiguar de antemano lo que piensan sobre el tema
para que sepas de qué modo atraerlos.

◆ Recopila pruebas

Apoya tu opinión con ejemplos convincentes pero no olvides mostrar ambas caras de la
moneda. Así sabrás de antemano los argumentos en contra que pueden surgir. Haz una
tabla de pros y contras y luego reúne pruebas de que tu opinión sea la más sensata.
Busca la opinión de expertos en la materia para fortalecer tu posición.

7.3 Hacer un borrador

Un escrito persuasivo debe estar formado alrededor de una **tesis** que enuncie la opinión
que vas a probar. Los argumentos que la apoyen deberán organizarse de manera que
lleven al lector a la misma conclusión que tú tenías desde el principio. No olvides
presentar también el punto de vista opuesto, pero encárgate de rebatirlo. Utiliza algunas
de estas estrategias para apoyar tu opinión:

- **Proporciona hechos** objetivos que se puedan poner a prueba.
- **Suministra estadísticas** relevantes.
- **Compara tu tema** con otro que los lectores conocen.
- Menciona de qué manera te **afecta personalmente** el tema.
- **Ofrece detalles** que ilustren cada uno de tus puntos clave.

7.4 *Revisar*

Acuérdate de revisar tus escritos siguiendo lo aprendido en el Capítulo 2.3:

- **Revisa la estructura general**
- **Revisa los párrafos**
- **Revisa las oraciones**
- **Revisa las palabras usadas**
- **Revisión por compañeros**

7.5 *Corregir*

Los errores de gramática, ortografía y puntuación restan credibilidad a tu escrito. Fíjate sobre todo en el uso correcto de las comas.

7.6 *Publicar y presentar*

◆ Crea una carpeta

Una vez terminado, un buen escrito persuasivo puede obtener los resultados que esperabas. Si se trata de un tema de interés en tu comunidad, envíalo al periódico local o publícalo en un tablero de anuncios al que tengan acceso muchas personas. Si se refiere a un tema interno de la escuela, trata de publicarlo en el periódico escolar.

◆ Reflexiona sobre lo que escribiste

Piensa en lo que aprendiste. ¿Qué formas de persuasión te gustaría emplear en otros escritos? ¿Cómo respondes a los escritos persuasivos de los demás?

CAPÍTULO 8

Exposición
Anuncios publicitarios

Los anuncios están en todas partes: en periódicos, revistas, carteles, la televisión, Internet, las camisetas de la gente que pasa por la calle. Los anuncios son herramientas de persuasión cuyo objetivo es convencer a la gente sobre algún tema específico o vender un producto.

◆ ¿Qué es un anuncio?

Un **anuncio** es un comunicado cuidadosamente planeado para ser visto, leído o escuchado. Tiene como fin persuadir a una audiencia de comprar un producto o servicio, aceptar una idea o apoyar una causa. Estos son algunos del los elementos de un buen anuncio:

- Un eslogan que capte la atención del público
- Un mensaje incitante
- Información detallada (precio, lugar, fecha, hora)

◆ Clases de anuncios

Hay muchas formas y estilos de anuncios. Estos son algunos de ellos:

- **Anuncios de interés público:** suministran información persuasiva para educar a una audiencia sobre temas de interés social.
- **Vallas publicitarias:** se colocan en carreteras, calles o estaciones en donde las personas tienen un tiempo limitado para leerlas.
- **Empaques de productos:** utilizan la envoltura externa de un producto para convencer a las personas de comprarlo.
- **Propaganda política:** presenta las opiniones y obras de un candidato para convencer a los votantes.

8.1 Conexión entre lectura y escritura

Lee el fragmento que aparece en tu libro de texto en inglés. Usa las estrategias de lectura y escritura de tu libro.

8.2 Antes de escribir

◆ Elige un tema

Selecciona un tema que te entusiasme. Puedes hacer una encuesta en la escuela para averiguar qué tipo y marca de productos prefieren los estudiantes. Escoge uno de ellos para tu anuncio. Otra estrategia consiste en llevar una lista de los productos que utilizas en un período de 24 horas. Toma uno de ellos como tema de tu anuncio.

◆ Limita tu tema

La clave de un anuncio está en decidir qué parte del producto atraerá más la atención del
público. Puedes utilizar la estrategia del cubo que aprendiste en el Capítulo 6 (describir,
asociar, aplicar, analizar, comparar y buscar ventajas y desventajas). Elige la faceta más
atractiva del tema para tu anuncio.

◆ Tu público tu propósito

Tanto el contenido como la apariencia del anuncio deben estar dirigidos a un público
específico. El mismo lenguaje y atractivo publicitario no funcionará lo mismo en un grupo
de adolescentes que en un grupo de padres de familia. Piensa en los detalles que debes
recalcar y en el tipo de argumento que debes presentar en cada caso.

◆ Recopila detalles

Haz una lista de sustantivos, adjetivos, verbos y adverbios que puedan describir el
producto. Selecciona las partes del producto que se vean mejor representadas por cada
una de estas palabras. Muestra con ejemplos que tus afirmaciones son correctas.

8.3 *Hacer un borrador*

En primer lugar, necesitas un eslogan que llame la atención del público y los impulse a
averiguar más sobre el tema. Escoge luego los detalles más importantes que ilustren la
opinión que expresas en el eslogan. Recuerda que, por lo general, no hay mucho tiempo ni
espacio disponibles en un anuncio. ¡Debes ir al grano!

8.4 *Revisar*

Acuérdate de revisar tus escritos siguiendo lo aprendido en el Capítulo 2.3:

- **Revisa la estructura general**
- **Revisa los párrafos**
- **Revisa las oraciones**
- **Revisa las palabras usadas**
- **Revisión por compañeros**

8.5 *Corregir*

Los errores de gramática, ortografía y puntuación pueden afectar la imagen que el público se
forme del producto o de la idea que estás presentando. Revisa el anuncio cuidadosamente
antes de elaborar la copia final. Fíjate sobre todo en la ortografía y ponle mucha atención a
los nombres, las direcciones y los números.

8.6 *Publicar y presentar*

◆ Crea una carpeta

Crea una cartelera con los anuncios que tu clase escribió o publícalos en el periódico
escolar advirtiendo que se trata de productos y servicios ficticios.

◆ Reflexiona sobre lo que escribiste

Reflexiona sobre lo que acabas de aprender. ¿Ha mejorado tu manejo de escritos
persuasivos después de haber elaborado un anuncio?

CAPÍTULO 9

Exposición
Ensayo de comparación y contraste

◆ La comparación y el contraste en la vida diaria

Cuando decides entre ir al cine y ver una película en casa, o pedir pizza o un sandwich, o votar por uno de dos candidatos, estás usando la habilidad de comparar y contrastar. También usas esta habilidad para tomar decisiones más importantes, como dónde vivir, qué estudiar y por quién votar. En todos los casos, consideras dos o más opciones que se parecen en algunas cosas pero son diferentes en otras.

◆ ¿Qué es un ensayo de comparación y contraste?

Un ensayo de comparación y contraste:

- identifica un propósito para comparar y contrastar.
- identifica semejanzas y diferencias entre dos o más cosas, personas, lugares o ideas.
- da datos reales sobre cada cosa.
- tiene una organización adecuada al tema y al objetivo.

◆ Tipos de ensayos de comparación y contraste

Éstos son algunos tipos comunes de ensayos de comparación y contraste:

- Informes sobre productos para el consumidor
- Ensayos sobre acontecimientos o personajes históricos
- Comparación y contraste de obras literarias

9.1 Conexión entre lectura y escritura

Lee el fragmento que aparece en tu libro de texto en inglés. Usa las estrategias de lectura y escritura de tu libro.

9.2 Antes de escribir

◆ Elige un tema

En realidad, los temas de los ensayos de comparación y contraste son casi ilimitados. Elige dos o más temas que se presten a la comparación, ya sea porque están relacionados de alguna manera o porque presentan aspectos de una misma cosa. Puedes hacer una lista por categorías de temas o buscar temas de interés en las revistas.

◆ Limita tu tema

Una vez que hayas elegido el tema, considera cuánta información debes dar para
desarrollar todos los puntos de comparación y contraste. Algunos temas son tan amplios
que no pueden presentarse en un ensayo. Puedes escribir libremente sobre un tema
amplio y luego encerrar palabras claves que puedan limitarlo.

◆ Tu público y tu propósito

Piensa sobre la gente que quieres que lea tu ensayo de comparación y contraste. Ese
público determinará el tipo de información que debes incluir, el tipo de vocabulario que es
recomendable usar y el nivel de análisis que es necesario realizar. Para identificar un
propósito para tu ensayo, considera qué efecto quieres que éste tenga en tus lectores.

◆ Recopila detalles

Para que tu trabajo sea detallado y concreto, incluye datos, ejemplos, descripciones y
cualquier otra información que muestre las similitudes y diferencias entre lo que
comparas. Identifica puntos de comparación. Mientras compilas los detalles que vas a
incluir en tu ensayo, piensa en los puntos principales que irán en el borrador.

9.3 Hacer un borrador

◆ Da forma a tu escrito

Una vez que hayas identificado los puntos de comparación, ya habrás organizado en gran
parte tus ideas. Luego, piensa en qué orden vas a presentar los detalles. Considera lo
siguiente:

Organización tema por tema En este método comparas tus temas como unidades
completas. Primero, habla sobre todas las características de un tema, luego sobre todas
las características del otro. Asegúrate de presentar las mismas características en ambos
temas y de dedicar el mismo tiempo a cada uno.

Organización punto por punto Esta organización te permite pasar de un tema a otro y
presentar detalladamente los puntos de comparación. Primero, compara un elemento de
los dos temas, luego pasa a otro elemento, y así sucesivamente, hasta haber presentado
todos los puntos.

◆ Elabora

Ya sea que tu propósito al comparar y contrastar dos temas sea explicar, describir o
persuadir, acuérdate de dar suficientes detalles para desarrollar todos tus puntos de
comparación y contraste.

9.4 Revisar

Acuérdate de revisar tus escritos siguiendo lo aprendido en el Capítulo 2.3:

- **Revisa la estructura general**
- **Revisa los párrafos**
- **Revisa las oraciones**
- **Revisa las palabras usadas**
- **Revisión por compañeros**

9.5 Corregir

Lee cuidadosamente tu ensayo para corregir los errores. Concéntrate en las oracione:
evitando escribir fragmentos u oraciones superpuestas.

9.6 Publicar y presentar

◆ Crea una carpeta

Además de crear una carpeta de trabajos, puedes presentar tu trabajo al salón de clases
o publicarlo en línea. Comparte tu ensayo de comparación y contraste con otras personas
interesadas en el tema publicándolo en la Internet.

◆ Reflexiona sobre lo que escribiste

Piensa en lo que aprendiste al escribir tu ensayo. Luego, escribe tus reflexiones y añádelas
a tu carpeta de trabajos. ¿Aprendiste algo nuevo acerca de los temas de tu ensayo después
de escribirlo? Explica tu respuesta. De las estrategias que usaste, ¿cuál te ayudó más?

CAPÍTULO 10

Exposición
Ensayo de causa y efecto

No nos es suficiente saber que los aviones vuelan o que el ejercicio es saludable; también queremos saber por qué. El saber el porqué de las cosas es parte fundamental de la curiosidad humana. Examinar todos los tipos de causa y efecto nos ayuda a predecir el futuro, planificar nuestros objetivos y evitar problemas.

◆ ¿Qué es un ensayo de causa y efecto?

Los ensayos de **causa y efecto** examinan la relación entre dos eventos, explicando cómo uno de ellos causa el otro. Un buen ensayo de causa y efecto tiene los siguientes elementos:

- Un análisis de las características de la causa, el suceso o condición que produce un resultado específico
- Una explicación del efecto, el resultado de la causa
- Evidencia que relaciona las causas y sus efectos
- Una organización lógica

◆ Tipos de ensayos de causa y efecto

Éstos son algunos tipos específicos de ensayos de causa y efecto.

- Los informes científicos.
- Los informes acerca de acontecimientos actuales.
- Los artículos sobre la salud.

10.1 Conexión entre lectura y escritura

Lee el fragmento que aparece en tu libro en inglés. Usa las estrategias de lectura y escritura de tu libro.

10.2 Antes de escribir

◆ Elige un tema

Un buen ensayo de causa y efecto comienza con un tema que incluye dos sucesos que están claramente conectados. Puedes leer los titulares de periódicos y revistas hasta encontrar algunos temas que te interesen. O puedes formar un grupo para discutir una variedad de temas. También puedes hacer una lista de sucesos que te han influenciado.

◆ Limita tu tema

No podrás preparar un ensayo bien escrito si tu tema es demasiado amplio. Un tema como el del efecto del programa espacial de la NASA sobre la ciencia puede ser demasiado amplio. Si limitas el tema a un aspecto específico podrás escribir un informe muy interesante.

✎ **Actividad: Haz listas de subtemas para limitar el tema** Escribe el tema sobre la base de un triángulo invertido. Haz una lista de subtemas por debajo del tema Cada subtema debe ser más específico que el anterior. Continúa así hasta obte un tema suficientemente limitado.

◆ Tu público y tu propósito

Debes definir a tu público para ajustar tu trabajo a sus necesidades e intereses. El propósito general de un ensayo de causa y efecto es explicar algo, pero quizás quieras convencer a tus lectores de que hagan algo. Una vez que tengas claro tu propósito, piensa cómo va a afectar el tipo de lenguaje y los detalles que vas a usar.

◆ Recopila detalles

Cuando hayas decidido el tema, puedes buscar los detalles para escribir tu borrador. Considera las causas y haz una lista de efectos.

10.3 Hacer un borrador

◆ Da forma a tu escrito

Usa los siguientes métodos para organizar información y dar forma a tu trabajo:

Orden cronológico Si describes causas y efectos que ocurren durante un período de tiempo, organízalos en el orden en que ocurrieron.

Orden de importancia También puedes organizar tu ensayo de acuerdo a la importancia de cada idea, suceso o situación que presentes. Comienza con el punto de menor importancia y trabaja de menor a mayor importancia, para terminar con tu punto más importante.

◆ Elabora

Puedes elaborar usando hechos específicos y testimonios personales.

10.4 Revisar

Acuérdate de revisar tus escritos siguiendo lo aprendido en el Capítulo 2.3:

- **Revisa la estructura general**
- **Revisa los párrafos**
- **Revisa las oraciones**
- **Revisa las palabras usadas**
- **Revisión por compañeros**

10.5 Corregir

Busca y corrige errores de gramática, ortografía y uso. Concentrándote en la claridad de las oraciones. Busca la ubicación de los modificadores para evitar su colocación incorrecta.

10.6 Publicar y presentar

Además de guardar tu ensayo en una carpeta, puedes presentarlo como un discurso o publicarlo como un artículo. Reflexiona también acerca de lo que aprendiste al escribir el ensayo.

CAPÍTULO 11

Exposición
Ensayo de problema y solución

En nuestro mundo moderno, uno se encuentra con problemas a diario. Pero la idea no es sólo quejarse, sino hacer algo al respecto. Al buscar la gente soluciones prácticas, se pueden mejorar las situaciones problemáticas.

◆ ¿Qué es un ensayo de problema y solución?

Los **ensayos de problema y solución** son trabajos escritos que identifican y explican un problema y luego ofrecen una posible solución. Usualmente incluyen lo siguiente:

- La presentación del problema, suficientemente detallada
- Una posible solución
- Datos, detalles y datos estadísticos que explican el problema y cómo resolverlo
- Un lenguaje adecuado al público
- Una organización lógica de la información

◆ Tipos de escritura de problema y solución

Los siguientes tipos de escritura pueden ocuparse de problemas y ofrecer soluciones:

- Problemas del consumidor
- Asuntos de manejo de tiempo
- Problemas locales

11.1 Conexión entre lectura y escritura

Lee el fragmento que aparece en tu libro en inglés. Usa las estrategias de lectura y escritura de tu libro.

11.2 Antes de escribir

◆ Elige un tema

Asegúrate de elegir un tema para el que puedas ofrecer una solución realista. Puedes leer los titulares de los diarios. Busca en los diarios artículos sobre problemas en una comunidad. Haz una lista de los problemas para los que podrías ofrecer soluciones prácticas. Elige un problema como tu tema. O haz un mapa de tu localidad y ubica los problemas específicos que encuentras en ella.

◆ Limita tu tema

Asegúrate de que tu tema no sea demasiado complejo. Limita el tema para poder ofrecer una solución realista. Usa los puntos principales dibujando tres círculos y sacando subtemas de cada uno.

◆ **Tu público y tu propósito**

Cuando escribes un ensayo de problema y solución, no te olvides para quién escribes
los detalles y el vocabulario apropiados para ese público. Di cuál es tu propósito en u
sola oración y usa este propósito para dirigir tu trabajo.

◆ **Recopila detalles**

Una vez que hayas determinado cuál es tu público, recopila los detalles necesarios para
escribir tu ensayo de problema y solución.

Define el problema Anotar información que te va a ayudar a aclarar el problema.

Explica la solución Antes de escribir, reúne tanta información como puedas sobre la
solución que vas a sugerir. Toma nota de lo que va a costar, indica qué pasos se deben
tomar, considera las complicaciones que pueden aparecer e indica las ventajas de tu idea.

11.3 *Hacer un borrador*

◆ **Da forma a tu escrito**

Seguro que has descubierto que necesitas más de un párrafo para describir el problema y
su solución.

Organización por bloques de párrafos Esta forma de organización te permite explicar
detalladamente el problema y luego explicar las diferentes soluciones que sugieres. Es
especialmente útil si quieres presentar la solución paso por paso.

◆ **Elabora**

Usa distintos tipos de evidencia para elaborar.

11.4 *Revisar*

Acuérdate de revisar tus escritos siguiendo lo aprendido en el Capítulo 2.3:

- **Revisa la estructura general**
- **Revisa los párrafos**
- **Revisa las oraciones**
- **Revisión las palabras usadas**
- **Revisión por compañeros**

11.5 *Corregir*

Revisa tu borrador para corregir la ortografía, la puntuación y la gramática. Concéntrate en
las oraciones completas y asegúrate de no haber dejado frases sueltas o fragmentos de ideas.

11.6 *Publicar y presentar*

◆ **Crea una carpeta**

Además de crear una carpeta, puedes enviar tu ensayo a un periódico para que sea
publicado, o puedes enviárselo a un político local. Si tu ensayo se ocupa de un problema
de interés público, envíaselo a alguien que pueda poner en práctica tus ideas.

◆ **Reflexiona sobre lo que escribiste**

Reflexiona en lo que aprendiste al escribir este ensayo. ¿Qué aprendiste acerca del
problema sobre el que escribiste? ¿Qué estrategias usarías de nuevo? ¿Por qué?

CAPÍTULO 12

Investigación
Ensayo documental

◆ La investigación en la vida diaria

Tú investigas cada vez que buscas un número en el directorio telefónico o hablas con tu médico sobre la nutrición. Los resultados de la investigación muchas veces se presentan por escrito, por ejemplo, cuando escribes un informe para la escuela.

◆ ¿Qué es ensayo documental?

El **ensayo documental** se centra en un tema específico y limitado, que generalmente es resumido en un enunciado de propósito; presenta información importante obtenida de una variedad de fuentes; estructura la información de una manera lógica; e identifica las fuentes de las que se obtuvo la información.

◆ Tipos de ensayos documentales

Hay muchos temas que se prestan al ensayo documental:

- Aspectos de la salud.
- Temas contemporáneos.
- Tendencias culturales.

12.1 Conexión entre lectura y escritura

Lee el fragmento que aparece en tu libro de texto en inglés.
Usa las estrategias de lectura y escritura de tu libro.

12.2 Antes de escribir

◆ Elige un tema

Para elegir un tema para tu ensayo documental considera lo que te interesa. Todo tema sobre el que te gustaría saber más puede ser un buen tema, desde los antibióticos hasta la zoología. Puedes consultar un mapa, globo terráqueo o atlas o hacer una lista de personas famosas.

◆ Limita tu tema

Debes limitar tu tema para poder tratarlo completamente dentro de las limitaciones de espacio de tu ensayo. Puedes mirar las entradas de enciclopedias, leer las tablas de contenido y hojear los índices de libros para hallar ideas relacionadas.

◆ Tu público y tu propósito

Mientras reúnes información para tu ensayo, elige palabras y detalles que atraigan a público y te ayuden a lograr tu propósito. Para lograr un tono serio, muchos autores informes usan un lenguaje formal. Este tipo de lenguaje usa un vocabulario sofistica oraciones de estructuras variadas y no usa contracciones.

◆ Recopilar detalles

Prepara un plan de investigación para hallar la información que necesitas de una variedad de fuentes.

Investiga en la biblioteca

Aprender a usar los recursos de una biblioteca te ayudará a aprovechar tu tiempo cuando tengas que buscar información. Usa el catálogo para buscar títulos. Usa los índices de publicaciones periódicas y bibliografias para hallar información sobre artículos acerca de temas específicos. Muchas bibliotecas tienen acceso a Internet, donde también puedes investigar tus temas. Para organizar tu plan de investigación en la biblioteca, prepara un cuadro *K-W-L*. Divide este cuadro en tres secciones con los títulos: "Lo que sé", "Lo que quiero saber" y "Lo que aprendí".

Organiza tus notas

Uno de los mayores desafios al realizar una investigación es organizar la información que encuentras. Puedes usar las tarjetas de fuentes, las tarjetas de notas, las fotocopias y la información que encuentres en Internet.

12.3 Hacer un borrador

◆ Da forma a tu escrito

Necesitas dar a tu escritura de investigación una organización clara para comunicarla a un público. Es aconsejable que sigas los siguientes pasos:

- Escribe una proposición que resuma en una sola oración la idea principal de tu ensayo.
- Organiza tu ensayo siguiendo estos métodos: orden cronológico, orden de causa y efecto y orden de lo particular a lo general.

◆ Elabora

Mientras escribes tu borrador, consulta tus notas o fotocopias para dar datos, ejemplos y citas. Además de mencionar la información que encontraste, presenta también tus propias ideas y análisis. Parafrasea las palabras que dijo alguien, a menos que pienses citar textualmente las palabras de la persona colocándolas entre comillas. Debes reconocer todas las fuentes mencionadas en tu informe.

12.4 Revisar

Acuérdate de revisar tus escritos siguiendo lo aprendido en el Capítulo 2.3:

- **Revisa la estructura general**
- **Revisa los párrafos**
- **Revisa las oraciones**
- **Revisa las palabras usadas**
- **Revisión por compañeros**

La gramática y tu escritura

Frases preposicionales

Una **frase preposicional** es una preposición seguida de un sustantivo o un pronombre, al que se llama "objeto" de la preposición.

El objeto de una preposición puede ser compuesto y tener modificadores.

1. Una **frase adjetiva** es una frase preposicional que modifica a un sustantivo o a un pronombre respondiendo a las preguntas *what kind* o *which one*. La misma palabra puede estar modificada por más de una frase adjetiva.

2. Una **frase adverbial** es una frase preposicional que actúa como un adverbio, es decir, modifica a un verbo, a un adjetivo o a un adverbio, respondiendo a las preguntas *where, when, in what way* o *to what extent*. Un oración puede tener más de una frase verbal modificando incluso a una misma palabra.

12.5 Corregir

Antes de entregar tu trabajo, prepara una lista de trabajos consultados y lee tu borrador para corregir errores.

◆ Concéntrate en la veracidad

Lee tu borrador para asegurarte que todos los pasajes citados, títulos de libros, nombres de autores y números de páginas son correctos. Verifica que usaste correctamente los signos de puntuación. Subraya los títulos de escritos largos, los nombres de películas, de series en la televisión, pinturas y esculturas. Encierra entre comillas los títulos de trabajos cortos. Usa comillas para destacar los títulos de fotografías.

12.6 *Publicar y presentar*

◆ **Crea una carpeta**

Ésta es una sugerencia para presentar tu trabajo.

✍ **Actividad: Revista de la clase** Prepara una antología de los escritos de investigación de tus compañeros. Organiza los ensayos en categorías, haz una tabla de contenido y escoge las ilustraciones.

◆ **Reflexiona sobre lo que escribiste**

Usa estas preguntas para guiar tu reflexión. Guarda las respuestas en tu carpeta de trabajos.

1. ¿Aprendiste algo interesante durante el proceso de escritura?
2. ¿Crees que es importante atribuir las fuentes de tu información a sus legítimos autores?

CAPÍTULO 13

Investigación
Informe

◆ La investigación en la vida diaria

Tu curiosidad con frecuencia te hace investigar temas de una manera no metódica.
Cuando investigas un tema de una manera metódica, las habilidades de investigar y de
organizar te ayudarán a consultar más fuentes de referencia a convertirte en un experto
sobre cierto tema y a compartir tus conocimientos con otros.

◆ ¿Qué es un informe?

Los **informes** son una presentación escrita de la información que has recopilado de
diversas fuentes sobre un tema específico. Un informe bien escrito tiene los siguientes
elementos:

- Un enunciado de propósito claramente expresado
- Datos de apoyo obtenidos de varias fuentes, que incluyen citas y la mención de sus
  orígenes
- Una estrategia de organización clara
- Una bibliografía o lista de trabajos consultados durante la investigación

◆ Tipos de informes

- Los **informes de laboratorio**
- Las **bibliografías anotadas**
- Los **informes de género múltiple**

13.1 Conexión entre lectura y escritura

Lee el fragmento que aparece en tu libro de texto en inglés. Usa las estrategias de lectura
y escritura de tu libro.

13.2 *Antes de escribir*

◆ Elige un tema

Cuando te prepares para escribir tu informe elige un tema que te vaya a interesar du
el tiempo que le dediques. Además de comprometerte con el tema, asegúrate de que hay
suficiente información disponible sobre él.

◆ Limita tu tema

Busca información acerca de tu tema en la biblioteca o en Internet. Cuando hayas
constatado que hay suficiente información, puedes hacer una red de temas para limitar tu
tema.

◆ Tu público y tu propósito

Analiza tu público

El grado de conocimiento que tenga tu público sobre el tema te ayudará a determinar el
nivel de investigación que debes hacer y el nivel de información que debes presentar. Si el
público no sabe nada del tema, debes describir tus ideas en términos generales y definir
las palabras técnicas, o sustituirlas por otras. Cuando escribas para el público en general,
da cierta cantidad de información y define todas las palabras técnicas. Si escribes para un
público de expertos en el tema, usa los términos técnicos con más libertad, definiendo
sólo las palabras que creas que puedan desconocer.

Identifica tu propósito

Tu propósito determina los detalles que vas a incluir en tu informe y también los puntos
de apoyo que vas a enfatizar. Éstos son tres propósitos comunes para los informes:

- **Alabar el tema del informe.**
- **Persuadir a los lectores.**
- **Mostrar causa y efecto.**

◆ Recopilar detalles

Consulta libros, enciclopedias, revistas, la Internet y otras fuentes para hallar la
información que necesitas.

Ubica fuentes de información

Puedes hallar fuentes de información específica en un catálogo, en la Internet o en estas
fuentes más especializadas: índices y bases de datos.

Toma notas sistemáticamente

A medida que encuentres la información, toma notas de manera eficiente. Esto te ayudará
al escribir tu informe y creará un lista de referencias.

13.3 *Hacer un borrador*

◆ Da forma a tu escrito

Prepara un enunciado de propósito
Un enunciado de propósito eficaz expresa una idea que se puede apoyar con la investigación.

Elige una organización
Usa tu enunciado de propósito y lo que sabes del público para elegir una estrategia de organización. Puedes usar estas estrategias de organización:

- **Orden cronológico**
- **Orden de importancia**
- **Comparación y contraste**

Escribe un esquema
Reseña con números romanos Luego de haber elegido un tipo de organización, prepara una reseña que sirva como guía para un borrador.

◆ Elabora

Usa varias fuentes
Si bien tu voz personal o estilo debe integrar todas tus ideas, apóyalas con datos estadísticos, ejemplos, detalles y citas que hayas encontrado en tu investigación. Puedes usar los siguientes elementos:

- **Citas**
- **Paráfrasis**
- **Resumen**
- **Elementos visuales: cuadros, gráficas, mapas**

Presenta las referencias en un contexto
Si presentas la información que hallaste en tu investigación dentro de un contexto harás que tu trabajo sea más fluido y fácil de leer.

Reconoce las fuentes
Cuando decides usar una cita, presentas una idea que no es tuya o das un dato que sólo aparece en una fuente, debes documentar, es decir, dar información sobre el origen de este material.

13.4 *Revisar*

Acuérdate de revisar tus escritos siguiendo lo aprendido en el Capítulo 2.3:

- **Revisa la estructura general**
- **Revisa los párrafos**
- **Revisa las oraciones**
- **Revisa las palabras usadas**
- **Revisión por compañeros**

13.5 Corregir

◆ Haz una lista de referencias

Tu informe debe indicar las fuentes de información. Averigua qué tipo de lista de referencias exige tu maestro.

◆ Concéntrate en la gramática

Corrige cuidadosamente los errores de puntuación, mayúsculas y abreviaturas. Revisa el uso de las comillas.

13.6 Publicar y presentar

◆ Crea una carpeta

✍ **Actividad: Organiza un grupo de discusión** Si varios de tus compañeros han escrito sobre temas similares organiza un grupo de discusión para comparar los trabajos. Pueden comentar los trabajos de los demás.

◆ Reflexiona sobre lo que escribiste

Usa estas preguntas para guiar tu reflexión.

1. ¿De qué manera escribir el informe de investigación cambió tu opinión sobre el tema?
2. ¿Qué fue lo mejor y lo peor de la experiencia? Explica tu respuesta.

CAPÍTULO 14

Respuesta a la literatura

◆ **La respuesta a la literatura en la vida diaria**

¿Has leído alguna vez un poema o cuento que no podías sacarte de la cabeza? Tal vez uno de los personajes te gustó mucho. También puede ser que un final te haya sorprendido o que otro final te haya desilusionado.

◆ **¿Qué es un ensayo de respuesta a la literatura?**

Cuando escribes un **ensayo de respuesta a la literatura**, expresas el qué, cómo y por qué de la reacción que causa en ti un trabajo literario. Un ensayo de respuesta a la literatura hace lo siguiente:

- Analiza el contenido de una obra literaria, las ideas relacionadas o el efecto de la obra en el lector.
- Se centra en un aspecto singular de la obra o presenta un panorama general.
- Se apoya en evidencias tomadas del mismo texto para apoyar las opiniones del autor del ensayo.
- Usa una organización lógica para comunicar claramente las ideas.

◆ **Tipos de ensayos de respuesta a la literatura**

Hay muchas maneras en las que puedes compartir tu respuesta a la literatura. Éstas son algunas de ellas:

- Las interpretaciones literarias.
- Las reseñas críticas.
- Los estudios de personaje.
- La comparación de trabajos literarios.

14.1 Conexión entre lectura y escritura

Lee el fragmento que aparece en tu libro de texto en inglés. Usa las estrategias de lectura y escritura de tu libro.

14.2 *Antes de escribir*

◆ Elige un tema

Elige una selección que te haya afectado por alguna razón.

> ✍ **Actividad: Libros premiados** Haz una encuesta entre los compañeros de clase para averiguar cuáles son sus libros favoritos. Escribe los títulos y autores y luego escoge un tema.

◆ Limita tu tema

Para presentar a tus lectores un ensayo eficaz limita el tema a un solo punto.

> ✍ **Actividad: Considera seis elementos literarios para limitar tu tema.** Podrás limitar tu tema si escribes sobre estos seis puntos específicos:

- **Argumento**
- **Ejemplos personales**
- **Tema**
- **Análisis**
- **Ejemplos literarios**
- **Evalúa**

◆ Tu público y tu propósito

Luego de limitar el enfoque de tu respuesta, piensa en el formato que le vas a dar. Por ejemplo, si escribes una presentación para la obra <u>Romeo y Julieta</u> y el público no conoce la obra, incluye información general y un resumen. Pero si lo que quieres es escribir una reseña crítica para tus compañeros de clase, no necesitas escribir una introducción extensa. En su lugar, incluye tus opiniones y apóyalas con detalles de la obra. Conoce a tu público y tu propósito para determinar el nivel de la información que debes presentar.

◆ Recopila detalles

Para respaldar tus puntos, recopila detalles, pasajes y citas de la obra. Identifica las ideas principales que quieres transmitir. Puedes recopilar detalles acerca de los siguientes elementos literanos:

- **Personajes**
- **Ambientación**
- **Vocabulario**
- **Sonoridad**
- **Tema**

14.3 *Hacer un borrador*

◆ Da forma a tu escrito

Organiza tus ideas para apoyarlas

Presentar tus ideas de manera organizada ayudará a tus lectores a seguir tus pensamientos e ideas. Puedes usar el siguiente esquema:

- **Introducción**
- **Resumen**
- **Párrafos del cuerpo**
- **Conclusión**

◆ Elabora

La escritura no es interactiva como la conversación, por lo que debes ayudar a tus lectores presentándoles tus puntos elaborados, es decir, desarrollados.

Incluye referencias para apoyar tu propósito

Usa citas del trabajo sobre el que escribes para apoyar tus puntos. Puedes usar citas directas, pará frasis o ejemplos. Aseqúrate de explicar cómo la referencia apoya tus ideas.

14.4 *Revisar*

Acuérdate de revisar tus escritos siguiendo lo aprendido en el Capítulo 2.3:

- **Revisa la estructura general**
- **Revisa los párrafos**
- **Revisa las oraciones**
- **Revisa las palabras usadas**
- **Revisión por compañeros**

La gramática y tu escritura

Fragmentos, oraciones superpuestas y empalmes con coma

Los **fragmentos** no expresan un pensamiento completo. La **oración superpuesta** está formada por dos o más oraciones que no están separadas o unidas a través de la puntuación adecuada. El **empalme con coma** ocurre cuando dos o más cláusulas principales están separadas únicamente por comas.

14.5 Corregir

Los lectores disfrutan más al leer un ensayo sin errores y prestan más atención a las ideas presentadas.

◆ Concéntrate en la ortografía

Una estrategia efectiva para revisar la ortografía es leer bloques de texto del principio al fin. Recuerda revisar con cuidado los nombres propios.

> **La gramática y tu escritura**
>
> **Evita errores comunes al usar homófonos**
> Los homófonos son palabras que suenan igual que otra palabra pero tienen un significado diferente. Usa un diccionario para identificar la ortografía y significado de los homófonos con los que tengas dudas.

14.6 Publicar y presentar

Conocer las reacciones que causa tu trabajo en otras personas te ayudará a ampliar tu comprensión de la respuesta a la literatura.

◆ Crea una carpeta de trabajos

✍ **Actividad: Envía tu ensayo por correo** Tal vez tengas un familiar o amigo que pueda disfrutar de tu ensayo. Envía una copia de tu ensayo y guarda las respuestas generadas.

◆ Reflexiona sobre lo que escribiste

Piensa sobre tu experiencia al escribir el ensayo y escribe tus reflexiones. Usa estas preguntas como guía.

- ¿Qué descubrí sobre la literatura mientras escribía el ensayo?
- ¿Si pudiera empezar el proceso de nuevo, qué haría diferente? ¿Por qué?

Escritura para evaluación

◆ La evaluación en la escuela

Para asegurarse que entiendes y usas correctamente la información y habilidades que te enseñan, tus maestros con frecuencia evalúan tus conocimientos.

◆ ¿Qué es la evaluación?

Tú ya debes saber que los ensayos de prueba son una de las formas más comunes de la escritura para evaluación. En estas pruebas debes usar los conocimientos que adquiriste en clase. Un buen ensayo de prueba incluye lo siguiente:

- Un enunciado de propósito o idea principal claramente expresado y apoyado.
- Información específica sobre el tema, obtenida en la clase o en tus lecturas.
- Una organización clara.

◆ Tipos de evaluación

Los temas de una prueba dependen de las materias que estás estudiando. Sin embargo, los ensayos frecuentemente incluyen tipos de escritura que tú ya conoces. Éstos son algunos ejemplos:

- Explicar un proceso
- Apoyar una posición
- Comparar y contrastar
- Mostrar causa y efecto

15.1 Antes de escribir

◆ Elige un tema

En algunos ensayos de prueba te asignan un tema; en otros tienes la oportunidad de elegir un tema entre varios. Es muy importante que no pierdas tiempo al elegir tu tema.

Considera tus conocimientos Decide qué preguntas te va a llevar menos tiempo contestar. Para mantener tu concentración, identifica los temas que has repasado más recientemente. Trata de hacer una lista de detalles específicos para cada tema. Si puedes pensar en varias ideas en poco tiempo para uno de los temas, pero sólo en unas pocas para otro, elige el primer tema.

Identifica tus puntos fuertes Tal vez tengas que usar habilidades específicas de escritura, por ejemplo, quizás tengas que analizar, predecir o explicar. Halla una pregunta que puedas contestar empleando tus puntos fuertes y para la que puedas dar datos que apoyen tu respuesta.

Escribe una sola oración Elige un tema para el que puedas desarrollar una sola idea principal. Por ejemplo, si una pregunta es de respuesta abierta, es decir, si puedes elegir un suceso, personaje o tema para contestarla, decide primero cuál de estas opciones elegir. Luego, identifica en una sola oración la idea principal que vas a desarrollar. Después, considera si puedes escribir un ensayo basado en esa única oración.

◆ Limita tu respuesta

Encierra en un círculo las palabras clave para identificar tu propósito
Mientras te preparas para escribir tu ensayo, encierra en un círculo las palabras clave y toma notas que te ayuden a interpretar las instrucciones para hacer la prueba. Presta atención a los verbos, sustantivos y frases importantes en las preguntas. Hay ciertos verbos específicos que te dicen cuál debe ser el objetivo de tu ensayo de respuesta. Éstos son algunos ejemplos:

Verbos y objetivos

Analizar: examinar cómo varios elementos contribuyen a un todo

Describir: presentar las características principales y dar ejemplos de un tema

Comparar y contrastar: decir en qué se parecen y en qué se diferencian dos o más temas

Apoyar: apoyar una generalización con datos y ejemplos

Explicar: aclarar un tema presentando causas y efectos, dando detalles

Criticar: apoyar tu posición dando ejemplos tomados de un escrito

15.2 Hacer un borrador

◆ Da forma a tu escrito

Elige un ángulo
Luego que hayas elegido un tema, desarrolla un ángulo para tu ensayo. Considera el tipo de escritura que vas a hacer y escribe el borrador de un propósito que responda directamente a la pregunta. Usa estas sugerencias:

Exposición Desarrolla un enunciado de propósito para responder a la pregunta. Para ensayos de problema y solución, de causa y efecto o de comparación y contraste, formula tu enunciado de propósito de tal manera que refleje lo que se quiere lograr con estos tipos de trabajos.

Persuasión Elige una posición para defender e identifica el apoyo que vas a usar para defenderla.

Respuesta a la literatura Identifica tu propósito en una sola oración, por ejemplo, analizar a un personaje o a la ambientación o comparar dos trabajos.

Planifica la estructura

Esquema rápido Cuando preparas un esquema de tu ensayo, divídelo en tres partes: introducción, cuerpo y conclusión.

La **introducción** debe expresar tu propósito. El **cuerpo** de tu ensayo debe presentar al menos dos puntos principales que apoyen a tu propósito, o idea principal. La **conclusión** debe repetir la respuesta a la pregunta del ensayo y resumir los puntos más importantes del cuerpo.

◆ Elabora

La prueba de tus conocimientos está en los detalles que usas. Para demostrar que conoces bien tu tema, incluye detalles de charlas o lecturas en la clase.

Apoya tu propósito con detalles específicos

Cualquiera que sea tu propósito, necesitas incluir detalles específicos para apoyar tu respuesta. Desarrolla tus ideas con estos tipos de elaboraciones:

- **Datos, fechas y nombres** Siempre que puedas, da datos para hacer más concreta tu respuesta.
- **Ejemplos específicos** Da ejemplos específicos para probar tu posición.
- **Detalles descriptivos** En un ensayo de comparación y contraste, usa detalles específicos que resalten las similitudes y diferencias.

15.3 *Revisar*

Acuérdate de revisar tus escritos siguiendo lo aprendido en el Capítulo 2.3:

- **Revisa la estructura general**
- **Revisa los párrafos**
- **Revisa las oraciones**
- **Revisa las palabras usadas**
- **Revisión por compañeros**

15.4 *Corregir*

◆ Concéntrate en corregir errores

Debido a que en una prueba tienes que escribir rápidamente, es posible que cometas errores ortográficos, gramaticales o de puntuación. Revisa tu borrador y presta especial atención a lo siguiente:

- **Construcción de la oración** Asegúrate de que cada oración expresa una idea completa. Presta atención a las cláusulas subordinadas que tienen una puntuación de oraciones completas. En esos casos, añade palabras para hacerlas verdaderas oraciones.
- **Ortografía** Revisa y corrige tu trabajo si tiene errores ortográficos.
- **Legibilidad** Si notas que algunas palabras son difíciles de leer, vuelve a escribirlas con más cuidado.

La gramática y tu escritura

Los homófonos
Los **homófonos** son palabras que suenan igual pere tienen disbritos significados. Algunos homófonos comunes son: *its, it's; their, there, they're; y affect, effect.*

15.5 *Publicar y presentar*

◆ Crea una carpeta

Luego que recibas tu ensayo ya calificado, guárdalo en tu carpeta de trabajos. Consi
estas sugerencias para que te siga siendo útil.

> ✍ **Actividad: Organiza un grupo de estudio** Compara tus respuestas con las de tus
> compañeros. Esto los ayudará a repasar lo que aprendieron durante el año.

> ✍ **Actividad: Prepárate para otras pruebas** Usa tu ensayo como material de estudio.
> Observa la nota que sacaste y los comentarios de tu maestro. Esto te ayudará a
> mejorar tus notas en otras pruebas.

◆ Reflexiona sobre lo que escribiste

Reflexiona un momento sobre tus puntos fuertes y también sobre las áreas que debes
mejorar al hacer las pruebas. Escribe tus ideas y guárdalas en tu carpeta. Usa estas
preguntas para guiar tu reflexión.

- ¿Cuál es la estrategia que usaste en este ensayo y que más te podría ayudar en futuras
  pruebas?
- ¿Qué parte encuentras más difícil en un ensayo de prueba?

CAPÍTULO 16

Escritura en el trabajo

◆ La escritura en el trabajo y en la vida diaria

Cuando envías una nota de agradecimiento a un vecino que te hizo un regalo o cuando llenas una solicitud de ingreso a un club deportivo, estás usando un tipo particular de escritura: la escritura en el lugar de trabajo. Los empleados de oficina, estudiantes, personas de negocios y las oficinas del gobierno utilizan este modo de escritura para comunicarse información importante y para trabajar juntos, sin que importe la distancia que los separa. Las habilidades de la escritura en el lugar de trabajo te permitirán tener éxito en la escuela y conseguir trabajo, enviar reclamos a compañías, invitar gente a acontecimientos importantes y también transmitir mensajes urgentes para resolver problemas de tu comunidad.

◆ ¿Qué es la escritura en el trabajo?

La escritura en el lugar de trabajo puede tener muchas formas, cada una de ellas apropiada para una situación específica. La forma de escritura que uses en un trabajo dependerá de tus tareas y de los lugares en los que trabajes. A pesar de sus diferencias, la escritura en el lugar de trabajo generalmente consiste en un trabajo escrito, con base en datos y que comunica información específica a los lectores, en un formato estructurado que la mayoría de la gente reconoce. La escritura en el lugar de trabajo bien escrita hace lo siguiente:

- Comunica la información y el mensaje de una manera clara, directa y breve.
- Se centra en temas clave y responde por anticipado las preguntas de los lectores.
- Refleja el esfuerzo del autor para ser exacto y ordenado.

◆ Tipos de escritura en el trabajo

Desde los comentarios que escribe tu maestro en el margen de tu informe de prueba hasta la solicitud que tienes que llenar para trabajar en la biblioteca pública, la escritura en el lugar de trabajo forma parte de tu vida diaria. Esta escritura puede tomar varias formas, tanto electrónica como impresa, y cada una tiene públicos y propósitos particulares. Éstos son algunos formatos comunes:

- Las **cartas comerciales** tienen como propósito comunicar información o tratar de una gran variedad de cuestiones.
- Los **memorandos** sirven para hacer circular información dentro de ambiente de trabajo.
- El **curriculum** da información sobre las habilidades del solicitante y sus estudios cursados.
- Los **formularios y solicitudes** son impresos que se deben completar dando información específica para un propósito particular, como hacer compras en la Internet o conseguir un trabajo.

16.1 *Cartas comerciales*

◆ ¿Qué es una carta comercial?

Las cartas comerciales son el ejemplo más común de la escritura en el lugar de traba
Cualquiera que sea el tema del que trate, una carta comercial bien escrita tiene los
siguientes elementos:

- Está compuesta por seis partes: encabezamiento, dirección del destinatario, saludo, cuerpo, cierre y firma.
- Sigue uno de los siguientes formatos: en bloque, en el que cada parte de la carta comienza en el margen izquierdo; y en bloque modificado, en el que el encabezamiento, el cierre y la firma están separados del margen izquierdo por un espacio.
- Usa un lenguaje formal y respetuoso, cualquiera que sea el contenido de la carta.

Las seis partes de una carta comercial

El encabezamiento da el nombre y dirección de la compañía u organización que remite, o
envía la carta. También indica la fecha en que se escribe.

- La dirección interior indica la dirección del destinatario, es decir a quién se envía.
- El saludo está seguido por dos puntos. Cuando no se conoce a la persona que va a recibir la carta se usa la frase *To Whom It May Concern* (A quien corresponda).
- El cuerpo de la carta expresa el propósito del escritor.
- El cierre es el final de la carta y consiste en un saludo respetuoso.
- La firma es el nombre del escritor y se escribe a mano y, para aclararla, también se escribe a máquina o en computadora.

Antes de escribir Si es posible, averigua el nombre de la persona que va a recibir tu
carta. Luego, anota la información que quieres comunicar. Identifica tu punto más
importante y preséntalo inmediatamente luego del comienzo de la carta. Esto aumentará
la probabilidad de que tu carta tenga una respuesta favorable.

Hacer un borrador Para tu borrador, usa un tono formal y da al lector toda la
información que necesite.

Revisar Como tu carta debe presentar y ocuparse de un tema, comprueba que el tema y
el punto principal estén claramente expresados en el primer párrafo. Revisa los detalles
para asegurarte de que los hayas presentado de la mejor manera, añadiendo los que sean
necesarios y eliminando los que no lo sean.

Corregir Observa con cuidado el formato de tu carta. Comprueba, sin que te queden
dudas, que has escrito correctamente el nombre de la persona y que el nombre de su
negocio y su dirección también son los correctos. Corrige los errores gramaticales,
ortográficos y de puntuación.

Publicar Escribe tu carta a mano, a máquina o en una computadora, en una hoja de
papel de medidas estándar. La puedes enviar por correo electrónico o por correo regular.
Si la envías por correo regular, colócala en un sobre que tenga tu nombre y dirección y el
nombre y dirección de la persona que la va a recibir.

16.2 *Memorandos*

◆ ¿Qué es un memorando?

Los miembros de un equipo o empleados de un negocio necesitan comunicarse bien. Para hacerlo, pueden usar memorandos. Un buen memorando:

- communica la información adecuada.
- sigue un formato establecido.
- elabora el tema.

Antes de escribir Elige un tema limitado para usarlo como título del memorando. Toma en cuenta tu público.

Hacer un borrador Presenta tu idea principal de manera clara y concisa. Usa tablas o listas si es necesario.

Revisar Asegúrate de haber llenado los espacios bajo "De:", "Para:", "Fecha:" y "Asunto:"

Corregir Corrige el formato y revista la ortografía y la puntuación.

Publicar Imprime y distribuye el memorando a todos los interesados o publícalo en el correo electrónico.

16.3 *Curriculum*

◆ ¿Qué es un currículum?

El currículum resume tus estudios, tu experiencia laboral, tus habilidades y cualquier otra información pertinente. Un currículum:

- presenta el nombre, la dirección y el teléfono del solicitante.
- sigue una organización preestablecida.
- presenta en forma de esquema los estudios cursados, las habilidades y cualquier otra información acerca del solicitante.

Antes de escribir Pregúntate que habilidades posees y cuándo y dónde las usaste. Consulta con familiares y amigos para que te ayuden.

Hacer un borrador Escoge un formato my úsalo de manera constante.

Revisar Revisa la organización y la información que presentas.

Corregir Verifica las direcciones donde cursaste estudios y donde trabajaste.

Publicar Averigua dónde debes enviar tu curriculum. Imprime una copia en limpio y escribe una carta de presentación.

16.4 *Formularios y solicitudes*

◆ ¿Qué son los formularios y solicitudes?

En un mundo lleno de computadoras y bancos de datos, encuentras formularios y solicitudes en todas partes y para todos los propósitos. Los formularios y solicitudes son impresos con espacios en blanco que se deben llenar con la información apropiada. Para completar estos documentos de la mejor manera, debes hacer lo siguiente:

- Escribir con claridad.
- Leer todos los rótulos e instrucciones para asegurarte que estás dando la información correcta.

En las solicitudes, sólo se escribe la información requerida. Es más, algunos espacios en blanco se deben dejar en blanco, de acuerdo con las instrucciones de la solicitud.

Es posible que no haya suficiente espacio para dar toda la información requerida. En ese caso hay que averiguar cómo incluir toda la información.

En algunos casos la información se da por medio de marcas. Usar paréntesis y barras ayuda a separar diferente información escrita en una misma línea. Algunas solicitudes deben ser firmadas por personas específicas.

Gramática

CAPÍTULO 17

Las partes de la oración

17.1 Sustantivos y pronombres

Los sustantivos y los pronombres son dos clases de palabras
muy importantes. Ambos permiten indicar y referirse a todo lo
que nos rodea.

◆ Sustantivos

→ Concepto clave

El sustantivo es la clase de palabra que designa personas, cosas
o lugares.

Según la naturaleza de lo que mencionan, los sustantivos
pueden ser concretos o abstractos. Los **sustantivos concretos**
se refieren a cosas que se pueden ver, tocar, gustar, oír u oler.
Los **sustantivos abstractos** se refieren a conceptos o cosas que
no se pueden percibir a través de los sentidos.

Según el número, los sustantivos pueden ser singulares o
plurales. Los **sustantivos singulares** designa una sola persona,
cosa o lugar. Los **sustantivos plurales** designan más de una
persona, cosa o lugar y se forman agregando *-s* o *-es* a la forma
correspondiente del singular. Hay algunas excepciones que
deben memorizarse.

Los **sustantivos colectivos** designan a un grupo de personas
o cosas pero conservan la forma del singular. Los **sustantivos
compuestos** son sustantivos formados por dos o más palabras
que funcionan como una sola. Se pueden escribir como palabras
independientes, separadas por un pequeño guión, o combinando
las palabras.

Los sustantivos pueden aun dividirse en otra categoría:
comunes y propios. Los **sustantivos comunes** designan un
miembro cualquiera de la clase de las personas, lugares, o
cosas. Los **sustantivos propios** designan personas, lugares o
cosas específicas. A diferencia de los sustantivos comunes, los
sustantivos propios se escriben siempre con mayúscula inicial.

¡Compara!

En inglés y en español existen sustantivos propios.

En ambos idiomas los sustantivos propios se escriben con
mayúscula. Sin embargo, en inglés, se consideran sustantivos
propios los días de la semana, los meses, los idiomas, las
religiones y las nacionalidades y por lo tanto se escriben con
mayúscula. En español no es así.

Europeans europeos   *Spanish* español   *Tuesday* martes

¡Atención!
La palabra *noun* en
español es sustantivo.
Los sustantivos propios
son los únicos a los se
les llama nombres.

¡Recuerda!
En inglés los sustantivos
compuestos se escriben
de tres maneras: una
palabra, varias palabras,
palabras con guiones.

◆ Pronombres

→ Concepto clave

El **pronombre** es la palabra que reemplaza a un sustantivo, a
otro pronombre o a un grupo de palabras que funciona como un
sustantivo.

→ Concepto clave

Al sustantivo, pronombre o grupo de palabras a las que se refiere
el pronombre se lo llama **antecedente**.

→ Concepto clave

- Los **pronombres personales** son aquellos que se usan
  habitualmente para referirse a personas, cosas o lugares
  determinados.
- Los **pronombres reflexivos** y **pronombres enfáticos** son dos
  tipos de pronombres que parecen iguales pero cumplen
  funciones diferentes. Los pronombres reflexivos terminan en
  -self o en *-selves* e indican que alguien o algo que se menciona
  en la oración ejerce una acción para o sobre sí mismo. Los
  pronombres enfáticos terminan en *-self* o en *-selves* pero su
  única función es enfatizar un sustantivo o un pronombre
  presente en la misma oración.
- Los **pronombres demostrativos** se usan para indicar uno o
  más sustantivos. Su función es dirigir la atención a una
  persona, una cosa, o un lugar específicos.
- Los **pronombres relativos** introducen una cláusula adjetiva y
  la conecta a la palabra que modifica.
- Los **pronombres interrogativos** se usan para hacer preguntas;
  por lo general inician la oración interrogativa.
- Los **pronombres indefinidos** se refieren a una persona, cosa o
  lugar específicamente mencionado o no.

Practica ✍

1. *Primero en español*

A. Escribe el número que corresponda a la descripción de los siguientes sustantivos.

a. El Palacio Legislativo __________   **1.** concreto, singular

b. senado __________   **2.** común, compuesto, abstracto

c. senador __________   **3.** común, singular, colectivo

d. autogobierno __________   **4.** común, plural

e. europeos __________   **5.** propio, concreto, compuesto

B. Identifica y subraya los pronombres en el siguiente párrafo. Después conéctalos con su antecedente. Los antecedentes pueden aparecer en oraciones anteriores. "Yo" se refiere el narrador.

Yo quiero visitar la ciudad de Mérida, Yucatán. Ésta fue fundada por Francisco de Monte 1542. En ella podemos encontrar numerosos monumentos coloniales que nos gustarán mucho. A ti te llevaré al palacio con fachada plateresca que se levanta junto a la catedral.

2. *Ahora in inglés*

A. Escribe el número que corresponda a la descripción de los siguientes sustantivos.

a. City Hall __________	**1.** concrete, compound, singular
b. legislature __________	**2.** common, compound abstract
c. townhouse __________	**3.** common, singular, collective
d. self-government __________	**4.** proper, singular
e. Americans __________	**5.** proper, concrete, compound

B. Identifica y subraya los pronombres en el siguiente párrafo. Después conéctalos con su antecedente. Los antecedentes pueden aparecer en oraciones anteriores. *I* se refiere al narrador.

Alexandria, Virginia, was an early colonial settlement. It was founded in 1749. George Washington was one of its trustees and a part-time resident of the town where he drew early maps of it in 1748 and 1749. I visited Alexandria last year. That was an interesting trip. My brother and I drove to Cameron Street in Old Alexandria. Washington himself had a home there. Residents are proud of their connection to Washington. This is evident in the many buildings named for him. One place everyone should visit is the House of Burgesses. What is a better way to learn about history?

17.2 *Verbos*

Se usan los verbos para enunciar, hacer preguntas y dar órdenes. Toda oración completa debe tener por lo menos un verbo conjugado, el cual puede estar compuesto hasta por cuatro palabras.

→ Concepto clave

Se llama **verbo** a una palabra o grupo de palabras que expresa una acción, una condición o el hecho de que algo existe, a la vez que indica en qué tiempo esa acción, condición, etc. tiene lugar.

◆ Verbos de acción y verbos de enlace

Como su nombre lo indica, los verbos de acción son aquellos que expresan una acción. Se usan para decir lo que alguien o algo hace, hizo o hará. Por el contrario, los verbos de enlace expresan una condición.

→ Concepto clave

Los **verbos de acción** son verbos que expresan qué acción está realizando algo o alguien.

→ Concepto clave

Los **verbos de enlace** son verbos que conectan al sujeto de la oración con un sustantivo o pronombre que lo identifica o describe.

¡Atención!
Algunos verbos pueden ser usados tanto como verbos de acción como verbos de enlace.

◆ Verbos transitivos e intransitivos

➜ Concepto clave

- Los **verbos transitivos** son aquellos cuya acción recae en algo o alguien que se menciona en la misma oración.
- Los **verbos intransitivos** son aquelles cuya acción no recae en nada o nadie que se menciona en la misma oración.

La palabra o grupo de palabras sobre la cual recae la acción del verbo es el "objeto" del verbo. Se puede determinar si un verbo tiene objeto o no, planteando las preguntas *whom* o *what*. Si el verbo tiene objeto es transitivo. Si no tiene objeto es intransitivo. Los verbos de enlace son siempre intransitivos.

¡Compara!

Tanto en el inglés como en el español existe el infinitivo. En español, los verbos aparecen en el diccionario en infinitivo: caminar, comer, dormir. En inglés aparecen en su forma base similar al presente: *walk, eat, sleep*. El infinitivo se forma con la preposición *to*: *to walk, to eat, to sleep*. En ambos idiomas el infinitivo es una forma verbal que funciona como sustantivo.

◆ Frases verbales

➜ Concepto clave

A un verbo formado por más de una palabra se le llama **frase verbal**. Una frase verbal está compuesta por un verbo principal y uno o más verbos auxiliares.

> En tu libro de texto en inglés aparece una lista de verbos que también pueden servir de auxiliares.

Con frecuencia, la frase verbal es interrumpida por otras palabras, tales como pronombres, sustantivos o adverbios.

Practica ✍

1. *Primero en español*

Subraya los verbos en las siguientes oraciones. Escribe si el verbo es "transitivo", "intransitivo" o un "verbo de enlace".

a. Los colonizadores españoles llegaron a América en 1492. ___________

b. Colón llevaba tres carabelas. ___________

c. Éstas eran la Niña, la Pinta y la Santa María. ___________

2. *Ahora en inglés*

Subraya los verbos en las siguientes oraciones. Escribe de qué tipo de verbo se trata: *transitive, intransitive, linking.*

a. Nomadic hunters entered Virginia about 10,000 years ago. ___________

b. Native American communities later developed in the East. ___________

c. Almost 20,000 Native Americans were living in Virginia when European explorers arrived. ___________

d. Powhatan was the chief of the Powhatan Confederacy. ___________

17.3 Adjetivos y adverbios

Los adjetivos y los adverbios son modificadores. Es decir, son
clases de palabras que modifican ligeramente el sentido de otras
palabras describiéndolas y haciéndolas más específicas.

◆ Adjetivos

→ Concepto clave

Los **adjetivos** son palabras que se usan para describir
sustantivos y pronombres o para darle al sustantivo o al
pronombre un sentido más específico.

Los adjetivos modifican a los sustantivos y a los pronombres
proporcionando información que responde a alguna de las
siguientes preguntas: ¿De qué tipo? ¿Cuál? Cuántos? ¿Cuánto?

La ubicación habitual del adjetivo es precediendo al
sustantivo. El adjetivo, sin embargo, puede ocupar otros lugares
con respecto al sustantivo o al pronombre que modifica.

Sustantivos en función de adjetivos A veces, palabras que
habitualmente son sustantivos desempeñan la función de
adjetivos y modifican a otro sustantivo. Por lo general,
responden a las preguntas: ¿De qué tipo? y ¿Cuál?

Adjetivos propios A veces, la función de adjetivo es desempeñada
por un sustantivo o nombre propio. En ese caso, el nombre propio
que modifica al sustantivo se escribe con mayúscula.

Adjetivos compuestos Los adjetivos compuestos son aquellos
formados por más de una palabra. La mayoría de ellos se escriben
con un guión en el medio; otros, en cambio, se escriben como una
sola palabra. Los adjetivos compuestos formados a partir de un
nombre propio se escriben, por lo general, como dos palabras
independientes. En caso de duda, consulta el diccionario.

Pronombres en función de adjetivos Algunos pronombres
también pueden desempeñar la función de adjetivos.

> En tu libro de texto en inglés aparece una lista de pronombres
> en función de adjetivos.

Formas verbales en función de adjetivos Las formas verbales
terminadas en *-ing* y en *-ed* pueden usarse como adjetivos.

Los sustantivos, pronombres y formas verbales funcionan
como adjetivos sólo cuando modifican sustantivos o pronombres.

¡Compara!

En inglés y en español los adverbios son invariables. En inglés los
adjetivos también son invariables. En español los adjetivos
concuerdan en género y número con los sustantivos que modifican.

> **¡Recuerda!**
> En inglés los adjetivos
> de nacionalidades se
> escriben con mayúscula.

◆ Adverbios

➔ Concepto clave

El **adverbio** puede modificar a un verbo, a un adjetivo o a otro
adverbio.

Al igual que los adjetivos, los adverbios describen otras
palabras o las hacen más específicas.

Sustantivos en función de adverbios Los sustantivos *home*,
yesterday, *today*, *tomorrow*, *morning*, *afternoons*, *evening*, *week*
e *year* pueden desempeñar la función de adverbios.

¡Compara!

En español todas las palabras terminadas en -mente son
adverbios, y se traducen como adverbios terminados en *-ly*. Sin
embargo, en inglés no todas las palabras terminadas en *-ly* son
adverbios.

Practica ✍

**1. Subraya los adjetivos y haz un círculo alrededor de los adverbios de las siguientes
oraciones.**

a. Sixteen known species of penguins inhabit the world.

b. They live in coastal areas of the Southern Hemisphere.

c. They are generally not found north of the equator.

d. The emperor is the tallest and heaviest of all penguins.

e. Emperor females lay only one egg.

f. Emperor penguins primarily eat squid and fish.

Aplica ✍

**2. Describe un ave que te interese. Cerciórate de que tu descripción contenga adjetivos
y adverbios.**

____

____

____

17.4 Preposiciones, conjunciones e interjecciones

◆ Preposiciones

➔ Concepto clave

Las **preposiciones** desempeñan la función de conectar un
sustantivo o un pronombre con otras palabras dentro de la misma
oración.

> En tu libro de texto en inglés aparece una lista de las
> preposiciones más comunes.

◆ Conjunciones

➜ Concepto clave

Las **conjunciones** sirven para conectar palabras o grupos de
palabras.

Las **conjunciones coordinantes** conectan palabras o grupos de
palabras de la misma jerarquía o con la misma función gramatical.

Las **conjunciones correlativas** también conectan, como las
anteriores, elementos iguales de la oración, pero la diferencia es
que éstas funcionan siempre en pares.

Las **conjunciones subordinantes** conectan dos ideas
completas haciendo a una subordinada —es decir, dependiente—
de la otra.

Adverbios en función de conjunción Hay adverbios que suelen
usarse también como conjunciones, creando puentes o
transiciones entre dos ideas diferentes.

En tu libro de texto en inglés aparece una lista de adverbios en
función de conjunción.

◆ Interjecciones

➜ Concepto clave

Las interjecciones son palabras que expresan un sentimiento o
emoción tal como alegría, miedo, ira, sorpresa, cansancio,
pena, etc.

En tu libro de texto en inglés aparece una lista de las
interjecciones más comunes.

¡Compara!

En inglés las preposiciones no se contraen con otras palabras.
En español las preposiciones "a" y "de" se contraen con el
artículo "el"; se forman así las contracciones "al" y "del".

Practica ✍

1. *Subraya todas las frases preposicionales de las oraciones siguientes.*

a. A group of travelers arrived by air.

b. They drove through the night to the next town.

c. I walked through the town in an hour and a half.

d. Near the hotel you will find a group of different shops.

e. The card shop is not far from the park.

f. The room in the attic is filled with old furniture.

2. *Subraya las conjunciones de las siguientes oraciones. Luego indica con una C las conjunciones coordinantes, con CR las correlativas y con una S las subordinantes.*

a. Bob arrived late even though he caught an early flight. ___________

b. Not only is he a scholar, but he is also a fine athlete. ___________

c. Whether he wins or loses is not really important. ___________

d. Mother said she would write or phone in a couple of days. ___________

e. We visited the science museum while he was at the library. ___________

f. We left the party when we saw what time it was. ___________

3. *Lee el párrafo siguiente. Indica con una P las preposiciones, con una A los adverbios, con una I las interjecciones y con una C las conjunciones.*

a. Duke Ellington played piano, wrote songs, and led one of the greatest bit bands ever.

b. In fact, Ellington, with others, founded big-band music, which greatly influenced swing music.

c. Don Redman and Fletcher Henderson were also great, even though they were not as famous.

d. Ellington wrote not only big-band music but also opera!

e. Wow! Did you hear that set?

Aplica ✍

4. *Escribe un breve diálogo entre tres o más personajes. Usa por lo menos tres interjecciones distintas, cuatro preposiciones y dos conjunciones.*

____

____

____

17.5 *Términos pertenecientes a más de una clase de palabras*

Muchas palabras pertenecen a una clase u otra, según la función que desempeñen en la oración.

◆ Identifica las partes de una oración

→ Concepto clave

El modo en que un término se usa en una oración determina qué clase de palabra es.

Sustantivos, Pronombres y Verbos Es importante recordar que los sustantivos designan personas, lugares o cosas; los pronombres reemplazan al sustantivo; y los verbos expresan una acción, una condición o la existencia de algo.

Otras clases de palabras Los adjetivos modifican al sustantivo o al pronombre; los adverbios modifican al verbo, al adjetivo o a otro adverbio; las preposiciones conectan un sustantivo o un pronombre con otra palabra de la oración; las conjunciones conectan palabras o grupos de palabras; y las interjecciones sirven para expresar emoción.

¡Recuerda!
El uso de una palabra dentro de una oración determina a qué clase pertenece.

¡Compara!

En inglés es más fácil que una palabra desempeñe diversas
funciones en la oración. En español las palabras tienen formas
distintas.

Practica ✍

1. Indica en el espacio en blanco qué parte de la oración es la palabra subrayada.

a. Volcanic explosions rock the area around <u>them</u>. ____________

b. Lava <u>escapes</u> from cracks called fissures. ____________

c. The lava floods <u>from</u> the fissures, which may be miles long. ____________

d. It pours <u>down</u> the mountain. ____________

e. As the lava continues to move <u>down</u>, it begins to cool. ____________

f. <u>Cooling</u> lava cracks into hexagonally shaped pillars. ____________

Aplica ✍

**2. Revisa un párrafo de una tarea que tengas en tu carpeta. Determina qué parte de la
oración es cada palabra.**

____

____

____

18.1 *Sujeto y predicado*

→ Concepto clave

Una **oración** tiene dos partes: un sujeto completo y un predicado completo. Esas partes expresan un pensamiento completo.

◆ Sujetos y predicados simples

→ Concepto clave

- Se llama **sujeto simple** al sustantivo, pronombre o construcción sustantiva que no se puede eliminar del sujeto sin que cambie el sentido de la oración.
- Se llama **predicado simple** al verbo o frase verbal que no se puede eliminar del predicado sin que cambie el sentido de la oración.
- Se llama **sujeto compuesto** a dos o más sujetos —es decir, a un sujeto con dos o más núcleos—, que tienen el mismo verbo y están unidos por una conjunción (*and*, *or*, etc.).
- Se llama **predicado compuesto** al formado por dos o más verbos que tienen el mismo sujeto y están unidos por una conjunción (*and*, *or*, etc.).

¡Atención!
Una oración puede tener tanto un sujeto como un predicado compuesto.

18.2 *Sujetos difíciles de identificar*

◆ El sujeto en oraciones declarativas

→ Concepto clave

Las palabras *here* o *there* nunca pueden ser núcleo del sujeto.

Por lo general, estas palabras son adverbios que modifican al verbo. Muchas oraciones que empiezan con estas palabras están invertidas: el sujeto es la palabra o grupo de palabras que sigue al verbo. Si se reorganiza la oración siguiendo el orden de sujeto-predicado, el sujeto resulta mucho más fácil de identificar.

→ Concepto clave

En algunas oraciones declarativas, el sujeto se ubica después del verbo para darle mayor énfasis. Estas oraciones suelen empezar con frases preposicionales.

◆ El sujeto en oraciones interrogativas

→ Concepto clave

En las oraciones interrogativas, por lo general el sujeto va después del verbo.

Una oración interrogativa invertida puede empezar por un verbo, un auxiliar o alguna de las siguientes palabras: *how, what, when, where, which, who, whose* o *why*. Para ubicar el sujeto conviene volver a enunciar la oración en el orden habitual.

◆ El sujeto en oraciones imperativas

→ Concepto clave

En las oraciones imperativas, el sujeto por lo general es implícito. Lo que se sobreentiende en esos casos es que el sujeto de la oración imperativa es *you.*

Cuando en la oración imperativa se incluye el nombre de la persona a la que va dirigida la orden, ese nombre no es el sujeto. El sujeto sigue sobreentendiéndose que es *you.*

◆ El sujeto en oraciones exclamativas

→ Concepto clave

En las oraciones exclamativas el sujeto suele ir después del verbo o, por el contrario, se sobreentiende. También en estos casos, transformar la oración en una oración enunciativa puede ayudar a identificarlo.

> **¡Recuerda!**
> En las oraciones imperativas y exclamativas, muchas veces el sujeto está sobre entendido.

Practica ✑

1. *Separa con un trazo vertical el sujeto y el predicado de las oraciones siguientes.*

a. Mosquitoes inhabit most areas of the world.

b. Their nasty bites cause swelling and itching.

c. Mosquitoes transmit a number of diseases.

d. Many viral and bacterial infections can result from mosquito bites.

e. The females need protein for the production of eggs.

2. *Haz un círculo alrededor del sujeto de cada una de las oraciones siguientes. Si el sujeto o el verbo están implícitos, escríbelos en el espacio en blanco.*

a. Wait for me! ___________

b. Can you walk any faster? ___________

c. Don't rush me! ___________

d. Why should I run? ___________

e. Faster, faster! ___________

f. Having fun? ___________

18.3 Complementos

→ Concepto clave

Un **complemento** es una palabra o grupo de palabras que forma parte del predicado y completa el sentido de una oración.

En inglés, los complementos se dividen en cinco tipos:

- complemento directo
- complemento indirecto
- complemento del complemento directo
- predicado sustantivo
- predicado adjetivo

Los dos últimos, que por lo general se estudian juntos, también se llaman complementos del sujeto.

◆ Complemento directo

→ Concepto clave

El **complemento directo** es un sustantivo, un pronombre o una construcción sustantiva que recibe la acción de un verbo transitivo.

Para hallar el complemento directo en una oración en inglés, se puede hacer las preguntas *whom?* o *what?* después de un verbo de acción. Si no se encuentra la respuesta, el verbo es intransitivo, de lo contrario, la respuesta es el complemento directo.

Un verbo puede tener más de un complemento directo, o complemento directo compuesto. En ese caso, la estrategia para descubrirlos es la misma que si fuera uno solo.

◆ Complemento indirecto

→ Concepto clave

Un **complemento indirecto** es un sustantivo o pronombre que aparece junto al complemento directo y designa la persona o cosa a quien se le da o para la que se hace algo.

Para hallar el complemento indirecto en una oración, primero hay que asegurarse de que hay un complemento directo y luego hay que preguntar *to or for whom?* o *to or for what?* después del verbo y del complemento directo.

◆ Complementos del completo directo

→ Concepto clave

El **complemento del complemento directo** es un adjetivo o sustantivo que aparece con un objeto directo y lo describe o designa de otro modo.

Este tipo de modificadores se encuentran sólo después de ciertos verbos: *appoint, call, consider, elect, label, make, name* o *think*.

> **¡Atención!**
> Un objeto de preposición no puede ser objeto directo.

◆ Complementos del sujeto

➜ Concepto clave

El **complemento del sujeto** es un sustantivo, pronombre o adjetivo que aparece junto a un verbo de enlace y expresa algo acerca del sujeto de la oración.

Hay dos tipos de complementos del sujeto: el predicado sustantivo o nominativo, y el predicado adjetivo.

➜ Concepto clave

* El **predicado sustantivo** es un sustantivo o pronombre que aparece junto con un verbo de enlace y designa de otro modo, identifica o explica el sujeto de la oración.
* El **predicado adjetivo** es un adjetivo que aparece junto con un verbo de enlace y describe el sujeto de la oración.

Practica ✍

1. Identifica si las palabras subrayadas son objetos directos (OD), objetos indirectos (OI) u objetos de una preposición (OP).

a. Congress granted <u>NASA</u> <u>funds</u> for the <u>spacecraft</u>. ___________

b. NASA presented the <u>country</u> its first <u>shuttle</u> in 1981. ___________

c. At first, the space shuttle deployed <u>satellites</u> into <u>orbit</u>. ___________

d. NASA now keeps four <u>shuttles</u> in <u>operation</u>. ___________

2. Subraya los predicados nominales y adjetivos. Escribe luego en el espacio correspondiente PN si se trata de un predicado nominal y PA si se trata de predicado adjetivo.

a. Our counselor often seems distracted. ___________

b. Through his own efforts he had become our captain. ___________

c. His chief interest has always been his job. ___________

d. The architect's plan for the new museum is impressive. ___________

e. The inspector considered the plan a masterpiece. ___________

Aplica ✍

3. Escribe un breve relato sobre viajes espaciales. Subraya todos los complementos que uses.

____

____

____

19.1 Frases

→ Concepto clave

Una **frase** es un grupo de palabras sin sujeto ni verbo y que funciona como una sola clase de palabra.

Dos tipos de frases que se usan con frecuencia para hacer la oración más detallada son las frases preposicionales y las frases apositivas.

◆ Frases preposicionales

Una **frase preposicional** es una preposición seguida de un sustantivo o un pronombre, al que se llama "objeto de la preposición".

El objeto de una preposición puede ser compuesto y tener modificadores.

→ Concepto clave

Una **frase adjetiva** es una frase preposicional que modifica a un sustantivo o a un pronombre respondiendo a las preguntas *what kind* o *which one*.

La misma palabra puede estar modificada por más de una frase adjetiva.

→ Concepto clave

Una **frase adverbial** es una frase preposicional que actúa como un adverbio, es decir, modifica a un verbo, a un adjetivo o a un adverbio, respondiendo a las preguntas *where, when, in what way* o *to what extent*.

Un oración puede tener más de una frase verbal modificando incluso a una misma palabra.

◆ Frases apositivas

Aunque no se los considera modificadores, las aposiciones y frases apositivas se parecen a las frases adjetivas porque proporcionan detalles sobre un sustantivo o un pronombre.

→ Concepto clave

Una **aposición** es un sustantivo o pronombre que sigue a otro sustantivo o pronombre y que lo identifica, lo nombra de otro modo, o lo explica.

→ Concepto clave

Una **frase apositiva** es un sustantivo o pronombre con modificadores, que sigue a otro sustantivo o pronombre y que lo identifica, lo nombra de otro modo, o lo explica. Esos modificadores pueden ser adjetivos, frases adjetivas u otras palabras en función adjetiva.

→ **Concepto clave**

Las aposiciones y frases apositivas pueden proporcionar
información sobre prácticamente cualquier sustantivo o
pronombre en una oración, sea el sujeto, el objeto directo, el objeto
indirecto, el complemento del complemento directo, objeto de
preposición o un predicado nominativo.

Practica ✍

**1. *Haz un círculo alrededor de las aposiciones y las frases apositivas de las oraciones
siguientes. Subraya las palabras que modifican.***

a. The Ice Cave near Grants, a small town in New Mexico, attracts many tourists.

b. The temperature in the cave never gets above 32° F, the freezing point of water.

c. As rainwater and melted snow seep into the cave, its floor (a solid block of ice) continues to
thicken.

d. Pueblo Indians, who explored the cave, named it "Winter Lake".

Aplica ✍

**2. *Escribe un pasaje descriptivo sobre una escena al aire libre. Usa frases adjetivas y
adverbiales para detallar y ubicar la escena que hayas escogido.***

____

____

____

19.2 *Verboides y frases con verboides*

Los verboides son formas del verbo que pueden funcionar como
sustantivos, adjetivos o adverbios. Comparten con el verbo dos
características: pueden ser modificados por adverbios y frases
adverbiales, y pueden tener complementos. Cuando un verboide
tiene un modificador o complemento, recibe el nombre de frase
con verboide. Hay tres tipos de verboides: el participio, el
gerundio y el infinitivo.

◆ El participio y la frase con participio

→ Concepto clave

El **participio** es una forma del verbo que puede actuar como
adjetivo.

Hay tres formas del participio: el participio presente, el
participio pasado y el participio perfecto.

> En tu libro de texto en inglés aparece una tabla con la
> construcción de los diferentes tipos de participios.

¡Ojo!
No confundas el verbo
con un participio en
función de adjetivo.

Los participios actúan como adjetivos cuando responden a las
preguntas: *which one?* o *what kind?* con respecto a los
sustantivos y pronombres que modifican. Es importante no
confundir el verbo de la oración con un participio en función de
adjetivo. Si expresa una acción, es un verbo; si describe un
sustantivo o un pronombre, es un participio.

➡ Concepto clave

Una **frase con participio** es un participio que tiene complementos
o modificadores propios.

Una frase verbal de este tipo está compuesta por un participio
modificado por un adverbio o una frase verbal, o seguido de un
complemento. Toda la frase así formada actúa en la oración
como un adjetivo.

◆ El gerundio y la frase con gerundio

➡ Concepto clave

El **gerundio** es un verbo que funciona como sustantivo.

> En tu libro de texto en inglés aparece una lista con los usos del
> gerundio en las oraciones.

Las formas terminadas en *-ing* pueden actuar como parte de una
frase verbal, como participio y como gerundio. Es importante
distinguir qué es en cada caso.

➡ Concepto clave

Una **frase con gerundio** es un gerundio acompañado de
modificadores o complementos. En ese caso, la frase completa
actúa como sustantivo.

◆ El infinitivo y la frase con infinitivo

➡ Concepto clave

El **infinitivo** es una forma del verbo que aparece generalmente
precedida de la palabra *to*, y puede actuar como un sustantivo,
un adjetivo o un adverbio.

A veces, el infinitivo puede aparecer sin la partícula *to*. Por
ejemplo, después de los verbos *dare, hear, help, let, make, please,
see*, y *watch*, el *to* está sobreentendido.

> **¡Atención!**
> Algunos infinitivos en
> inglés no van precedidos
> de *to*.

> En tu libro de texto en inglés aparece una lista con los usos del
> infinitivo.

➡ Concepto clave

Una **frase con infinitivo** es un infinitivo acompañado de
modificadores, complementos o sujetos.

Practica ✍

1. Subraya las frases con gerundio que encuentres en las oraciones siguientes.

a. Firefighters are often seen ascending ladders.

b. Handling a fire hose is difficult.

c. An important part of their job is rescuing people.

d. Risking their lives is a regular part of firefighter's jobs.

e. Battling arson grows more expensive every year.

2. *Haz un círculo alrededor de las frases con infinitivos de las oraciones siguientes. Subraya los infinitivos.*

a. Initially, it was difficult to perceive the fire as a threat.

b. To make matters worse, a strong wind propelled the fire with great speed.

c. The town's only fire engine was called to stop the flames.

d. The firemen struggled to remain objective.

e. They were quick to realize that they could not save the town.

f. To save their own lives, the firemen fled to the river.

19.3 Cláusulas

➔ Concepto clave

Una **cláusula** es un conjunto de palabras con su propio sujeto y verbo conjugado.

Las cláusulas se dividen en dos grandes grupos: cláusulas independientes y cláusulas subordinadas.

➔ Concepto clave

Una **cláusula independiente** puede funcionar por sí sola como una oración completa en sí misma. Una **cláusula subordinada,** aun cuando tiene un sujeto y un verbo propios, no constituye por sí sola una oración completa, sino que es parte de una oración.

Las clásulas subordinadas funcionan en la oración como una sola palabra: como adjetivos, como adverbios o como sustantivos.

◆ Cláusulas adjetivas

➔ Concepto clave

Una **cláusula adjetiva** es una cláusula subordinada que modifica a un sustantivo o a un pronombre, respondiendo a las preguntas *what kind* o *which one.*

Por lo general, se conectan con la palabra a la que modifican por medio de un pronombre relativo: *that, which, who, whom* o *whose* o de un adverbio relativo: *after, before, since, when, where* o *why.*

Un pronombre relativo o un adverbio relativo tiene las siguientes funciones:

- conecta la cláusula adjetiva con la palabra a la cual modifica, y
- actúa dentro de la cláusula como sujeto, objeto directo o alguna otra parte de la oración.

A veces, el pronombre relativo no está expresado en la oración, sino que está sobreentendio. De todos modos, continúa cumpliendo su función dentro de la oración.

> **¡Recuerda!**
> Las cláusulas adjetivas se separan del resto de la oración por comas sólo cuando no son esenciales.

◆ Cláusulas adverbiales

➜ Concepto clave

Las **cláusulas adverbiales** modifican a los verbos, adjetivos, adverbios o verboides, respondiendo a las preguntas *where, in what way, to what extent, under what condition* o *why*.

Estas cláusulas van precedidas por una conjunción subordinante, tal como *although, because, if, where* o *while*. En algunos casos, la cláusula adverbial puede ser elíptica. En esos casos, el sujeto y/o el verbo de la cláusula están sobreentendidos.

◆ Cláusulas nominales

➜ Concepto clave

Una **cláusula nominal** es una cláusula subordinada que actúa como un sustantivo.

En tu libro de texto en inglés aparece una lista de los usos de la cláusula nominal.

Las cláusulas sustantivas o nominales suelen ir introducidas por *that, which, who, whom* o *whose*. Otras palabras que las introducen con cierta frecuencia son: *how, if, what, whatever, when, where, whether, whichever, whoever* o *whomever*. Además de introducir la cláusula en la oración, estas palabras suelen cumplir una función dentro de la cláusula. Cuando *that* no cumple ninguna función en la cláusula y sólo funciona como palabra introductoria de la cláusula en la oración, puede ser omitida.

19.4 *Clasificación de las oraciones según su estructura*

La estructura de una oración depende del tipo y número de cláusulas que la forman. Las siguientes reglas permiten diferenciar las cuatro estructuras distintas que puede tener una oración:

- Una **oración simple** está constituida por una sola cláusula independiente.
- Una **oración compuesta** está constituida por dos o más cláusulas independientes unidas por una coma y una conjunción coordinativa, o por un punto y coma.
- Una **oración compleja** está constituida por una cláusula independiente —o principal— y una o más cláusulas subordinadas.
- Una **oración compuesta y compleja** está constituida por dos o más cláusulas independientes y una o más cláusulas subordinadas.

En tu libro de texto en inglés aparece una lista con ejemplos de las cuatro estructuras de las oraciones.

Practica ✍

1. _Subraya las cláusulas adjetivas de las oraciones siguientes. Haz un círculo alrededor de la palabra introductoria. Subraya una vez el sujeto de la cláusula y veces el verbo._

a. It is they who are responsible.

b. The book which she asked for is very expensive.

c. The clown who is in the center ring is the funniest.

d. This is the friend of whom I have spoken.

e. Is this the time that we have waited for?

f. The man whose checks are lost looks very unhappy.

2. _Haz un círculo alrededor de las cláusulas sustantivas de las siguientes oraciones. Escribe al lado de cada oración la función que desempeña la cláusula en la oración._

a. We won't predict what the results will be.

____

b. We gave whoever volunteered a list of instructions.

____

c. A quick promotion is what he expects.

____

d. I will discuss the plan with whoever wishes to do so.

____

e. The company's goals are what we will discuss now.

____

f. Her major problem is whether she can go at all.

____

3. _Lee has siguientes oraciones y subraya los verbos. Si se trata de una oración compuesta indícalo con una C. Si es una oración compleja usa una X._

a. The camper was packed, so we were ready to leave.

b. There were signs of storm in the sky, but everybody decided not to worry.

c. The camper held everything we would need for our vacation.

d. After we traveled about twenty miles, the clouds burst open and it started to rain.

e. My dog, who is always scared of storms, was barking furiously at every sound of thunder.

Aplica ✍

4. _Revisa un ensayo de estudios sociales que hayas escrito. Reescribe las oraciones y combínalas para formar oraciones compuestas, complejas y compuestas complejas._

____

____

____

Support for *Effective* Sentences

20.1 *Las cuatro funciones de la oración*

Las oraciones se clasifican según su función. Los cuatros tipos de oraciones en inglés son: declarativa, interrogativa, imperativa y exclamativa.

→ Concepto clave

- Las **oraciones declarativas** expresan o enuncian una idea y terminan con un punto final.
- Las **oraciones interrogativas** plantean una pregunta y terminan con un signo de interrogación.
- Las **oraciones imperativas** transmiten una orden o instrucción y pueden terminar con un punto o con un signo de exclamación. La mayoría de las oraciones imperativas empiezan por un verbo cuyo sujeto (tácito) suele ser *you*.
- Las **oraciones exclamativas** expresan una emoción fuerte y termina con un signo de exclamación.

¿Sabías que... la palabra "imperativo" está relacionada con la palabra "emperador", una persona que da órdenes?

¡Compara!

En español las oraciones también se dividen en esos cuatro tipos: declarativa o enunciativa, interrogativa, imperativa y exclamativa. La única diferencia importante es que, en español, los signos de interrogación y de exclamación van también al principio de la oración.

Practica ✍

1. *Escribe al lado de cada oración a qué categoría pertenece —declarativa, interrogativa, imperativa o exclamativa. Agrégale al final de cada una la puntuación que corresponda.*

a. Benjamin Franklin was born in Boston in 1706

b. Did you know that Franklin was primarily self-educated

c. What a beautiful city

d. Don't forget to visit Fairmount Park

Aplica ✍

2. *Escribe un párrafo sobre algún lugar histórico que conozcas o que te gustaría conocer. Usa tres oraciones declarativas, dos exclamativas, dos interrogativas y una imperativa.*

____

____

____

20.2 Combinación de oraciones

➜ Concepto clave

- Una manera de combinar oraciones es formar sujetos compuestos, verbos compuestos u objetos directos compuestos.
- Las oraciones también se pueden combinar juntando dos cláusulas independientes, para formar una oración compuesta. En la nueva oración, las dos cláusulas pueden ir separadas por una coma, una conjunción o un punto y coma
- Las oraciones también se pueden combinar transformando una de ellas en una cláusula subordinada.
- Las oraciones también se pueden combinar transformando una de ellas en una frase.

Practica

1. Combina los siguientes pares de oraciones. Haz todos los cambios que correspondan para que la nueva oración sea correcta.

a. Famous battles of the American Revolution were fought in Pennsylvania. Famous battles of the Civil War were fought in Pennsylvania.

____

b. The Gettysburg National Military Park attracts many tourists. The Gettysburg National Military Park provides much information about the Civil War.

____

c. After driving through Lancaster, I wanted to see the Landis Valley Museum. I also wanted to see the Susquehanna River.

____

2. Combina los siguientes pares de oraciones usando frases, cláusulas subordinadas o conjunciones subordinantes. Haz todos los cambios que correspondan para que la nueva oración sea correcta.

a. The bank was built as a symbol of democracy. Its neoclassical design recalls the democracy of ancient Greece.

____

b. You are using sand, gravel, limestone, or natural gas. Remember that they may have come from Pennsylvania.

____

c. Native Americans lived in the Pennsylvania region for hundreds of years before European explorers came. These Native Americans, such as the Algonquian and Iroquoian tribes, lived in the Pennsylvania region.

____

Aplica ✍

3. Escribe un ensayo sobre algún hecho de la historia de Latinoamérica. Cuando hayas terminado un primer borrador, marca los lugares donde podrías combinar ideas. Trata de combinar por lo menos tres pares de oraciones. Revisa todo el ensayo. Luego escribe una nota explicando por qué combinaste cada par de oraciones.

20.3 Oraciones variadas

◆ Varía la extensión de las oraciones

Varía la extensión de las oraciones para crear un ritmo y poner el énfasis en las ideas más importantes.

◆ Varía el modo de empezar las oraciones

Otra forma de darle variedad a las oraciones es hacerlas comenzar con distintas clases de palabras.

> En tu libro de texto en inglés aparece una lista con distintas maneras de variar el comienzo de una oración.

◆ Invierte el orden de las palabras

También se puede variar la estructura de las oraciones invirtiendo el orden habitual sujeto-verbo.

¡Atención!
Ten cuidado al revisar lo que escribes cuando cambies el largo y la estructura de las oraciones.

Practica ✍

1. Vuelve a escribir el párrafo dividiendo las oraciones demasiado largas en oraciones más cortas, o dándole mayor claridad a las oraciones largas.

The women of Pennsylvania contributed greatly to both the American Revolution and the Civil War, providing different types of support to the soldiers fighting the battles. Female patriots from Pennsylvania include Catherine Smith, who manufactured musket barrels; battle heroine Molly Pitcher; and Sara Franklin Bache and Ester De Berdt Reed, who organized 22,000 women to help soldiers. Pennsylvania women also contributed to the abolitionist movement and fought for women's rights. They worked for many reforms, including women's rights, during the 1700s and 1800s; although rights for women changed little during this time, their efforts laid the groundwork for future reforms.

2. _Vuelve a escribir las siguientes oraciones cambiándole el comienzo o invirtiendo el orden habitual de las palabras. Asegúrate de que el sentido quede claro._

a. By August 1920, women in Pennsylvania who wanted to vote were protected by the law (empieza con un sustantivo)

____

b. Mary Cassatt, born in Allegheny City, was the only woman whose work was exhibited in a show of the ten greatest American painters. (empieza con una frase con participio)

____

c. Andrew Carnegie began to build new steel mills in 1873. (invierte el orden)

____

d. Carnegie balanced his good fortune with a pledge to pay the world back by distributing his wealth. (invierte el orden)

____

Aplica ✍

3. _Escribe un artículo sobre algún hecho histórico de tu país o estado. Trata de variar la estructura de tus oraciones —especialmente la extensión, el comienzo y el orden habitual de las palabras._

____

____

____

20.4 _Cómo evitar problemas en las oraciones_

◆ Reconoce oraciones incompletas

Una oración incompleta es un conjunto de palabras con puntuación fuerte al final, que o bien no tiene sujeto o verbo, o bien deja una idea por la mitad.

→ Concepto clave

Al escribir, evita las oraciones incompletas asegurándote de que todas tengan sujeto y verbo y completen la idea que deben expresar.

Las oraciones incompletas suelen presentarse en forma de frases sueltas, cláusulas subordinadas fuera de contexto o grupos de palabras sin sujeto o verbo. A continuación encontrarás algunas estrategias para corregir cada uno de estos tipos de oraciones incompletas.

Corrección de frases sueltas Por lo general pueden corregirse uniéndolas a las palabras que les preceden o les siguen, o incorporándolas a una oración anterior o posterior. Algunas veces, la corrección requerirá que se incorpore la frase suelta a una nueva oración, para lo cual habría que agregarle un verbo, o un sujeto y un verbo, según el caso.

¡Recuerda!
Una oración debe tener un sujeto y un verbo y expresar una idea completa.

Corrección de cláusulas subordinadas fuera de contexto Las
cláusulas subordinadas no pueden presentarse
independientemente de la oración a la que pertenecen. Para
corregir este tipo de error, une la cláusula a una oración anterior
o posterior, o escribe la parte de la oración que falta.

Corrección de grupos de palabras sin sujeto ni verbo
Asegúrate de que todo grupo de palabras tenga sujeto y verbo.

◆ Reconoce oraciones superpuestas

→ Concepto clave

Las oraciones superpuestas son dos o más oraciones puntuadas
incorrectamente como si fueran una sola. Para corregir este tipo
de error, puedes valerte de la puntuación, de las conjunciones o
de cualquier otro método que te permita separar correctamente
las partes superpuestas.

En tu libro de texto en inglés aparece una tabla con maneras de
corregir las oraciones superpuestas.

Practica ✍

**1. Revisa el siguiente párrafo y corrige todas las oraciones incompletas que
encuentres.**

Crafts are decorative or functional objects. Often made by hand. Crafts can come in many
forms. For use and enjoyment. Papier-mâché, the craft of fashioning objects from any kind of
absorbent paper soaked in water and glue. Bookbinding requires dexterity. It is not difficult to
learn. Weaving, plaiting, and coiling techniques to make baskets.

**2. Revisa el siguiente párrafo y corrige todas las oraciones superpuestas que
encuentres.**

Knitting and crocheting are similar, however, crocheting is a method of working interlocking
loops of thread into a chain by means of a slender rod hooked at one end. A single chain of
loops is formed, the chain is made to the planned width of the finished piece, the yarn is
turned at the end of the chain, and a second chain is crocheted, each new stitch being looped
through a stitch in the previous row.

Aplica ✍

**3. Escribe un párrafo describiendo cómo se juega tu deporte preferido. Primero anota
todas las ideas que quieras incluir. Luego escribe el texto, poniendo atención de evitar
oraciones incompletas y oraciones superpuestas.**

____

____

____

20.5 Modificadores mal colocados o sueltos

Como regla general, los modificadores deben ir siempre lo más cerca posible de la palabra a la que modifican.

◆ Modificadores mal colocados

→ Concepto clave

Cuando un modificador —sea un adjetivo o adverbio, o una frase o cláusula— está mal colocado en la oración o está muy lejos de la palabra a la que modifica, puede parecer que modifica a otra palabra o parte de la oración.

◆ Modificadores sueltos

→ Concepto clave

Un modificador suelto parece modificar otra palabra o no tener ninguna función, porque la palabra a la que se refiere o modifica no aparece en la oración.

¡Compara!

En inglés los modificadores no siempre van en la misma posición en la que van en español. El caso más evidente es el de los adjetivos, que en inglés suelen ir antepuestos al sustantivo que modifican, mientras que en español suelen ir pospuestos.

Practica ✍

1. *Vuelve a escribir las oraciones corrigiendo todos los modificadores mal colocados.*

a. We saw many art galleries driving from city to city.

____

b. The man asked to see the surgeon growing restless in the hospital.

____

c. Bob gave his cassette deck to his sister with Dolby.

____

d. The White House has been the home of every president except George Washington in American history.

____

2. *Escribe "correcta" o "incorrecta" al lado de cada oración, según corresponda. Vuelve a escribir las oraciones incorrectas.*

a. There were two meal stops driving to Philadelphia. ___________

b. A group of new houses were seen entering the development. ___________

c. After walking to the Capitol, Thomas Jefferson's inauguration began. ___________

d. While being inaugurated, Franklin Roosevelt's mother was present. ___________

3. *Imagina que te postulas para la presidencia de tu club favorito. Escribe un discurso en el que trates de persuadir a otros socios de que voten por ti. Al revisar tu escrito, asegúrate de que no quede ningún modificador suelto o mal colocado.*

20.6 *Falso paralelismo*

◆ Reconoce el uso correcto del paralelismo

➜ Concepto clave

Se llama **paralelismo** a la expresión de ideas a través de dos o más construcciones —de palabras, frases, cláusulas u oraciones— del mismo tipo.

◆ Falso paralelismo

➜ Concepto clave

Falsos paralelismos son aquellas construcciones en las que una serie de ideas paralelas se expresan con estructuras gramaticalmente distintas.

> **¡Atención!**
> Las conjunciones coordinantes *and* (y), *but* (pero), *or* (o), pueden indicarte que existe un paralelismo.

Para corregir este tipo de error, hay que volver a escribir cada elemento de la serie siguiendo la misma estructura gramatical.

Serie de palabras, frases y cláusulas no paralelas Los falsos paralelismos no solo interrumpen el flujo de las oraciones, sino que también oscurecen su sentido.

Comparaciones no paralelas Evita escribir comparaciones en las que se relacionen estructuras gramaticales diferentes.

> En tu libro de texto en inglés aparecen unas tablas con distintas maneras de corregir las oraciones paralelas.

Practica ✍

1. *Subraya las estructuras paralelas de cada oración y luego apunta si se trata de palabras, frases o cláusulas paralelas.*

a. In the mall she bought boots, stockings, and gloves. ___________

b. The twins were busy wrapping packages and tying ribbons. ___________

c. I wondered who discovered the valley and who built the first settlement there. ___________

d. My brothers shopped in the mall and in some local shops. ___________

2. *Vuelve a escribir las oraciones en las que haya falsos paralelismos.*

a. I want to see, to dance, and acting.

---

b. My parents like visiting new places and to travel to foreign countries.

---

c. Rest, exercise, and to eat good food are recommended.

---

3. *Escribe la descripción de algún lugar que te guste o te interese mucho. Utiliza construcciones paralelas para enfatizar los detalles más importantes. Luego léele descripción a la clase.*

20.7 Coordinación incorrecta

◆ **Reconoce la coordinación incorrecta**

➔ **Concepto clave**

Coordinar significa unir dos cosas del mismo valor. La conjunción *and* y otras conjunciones coordinativas se usan únicamente para conectar ideas de la misma importancia.

> **¡Recuerda!**
> Otras conjunciones coordinantes son: *but, so, or, for, yet* y *nor*

◆ **Cómo se corrige una coordinación incorrecta**

➔ **Concepto clave**

Para corregir oraciones en las que se han coordinado incorrectamente dos o más cláusulas, se separan las cláusulas y se escriben como oraciones independientes, o si una de ellas es menos importante que la otra, se vuelve a escribir como cláusula subordinada.

Practica ✍

1. *Escribe "correcta" al lado de las oraciones en las que la coordinación esté bien usada; de lo contrario escribe "incorrecta".*

a. The Germantown settlement was close to the original Philadelphia, but the settlements remained independent of each other for nearly two hundred years.

b. He wants to have a garden, and our tomatoes are ripe.

c. My father always enjoyed fishing, and he fought hard in the war.

2. *Vuelve a escribir las oraciones corrigiendo todos los casos de coordinación incorrecta.*

a. The children were ready at noon, and their parents arrived at three.

b. Jennifer liked her new school, and she wrote a letter every week.

c. Pat is afraid of honeybees, and they are necessary for cross-pollination.

Aplica ✍

3. *Diseña un anuncio sobre un producto de tu propia invención. Enumera sus principales usos y características. Asegúrate de no usar ninguna coordinación incorrecta.*

CAPÍTULO 21

El uso de los verbos

21.1 Tiempos verbales

➜ Concepto clave

El **tiempo** es la forma del verbo que indica el momento en que
se realiza una acción o condición.

◆ Los seis tiempos verbales

➜ Concepto clave

Cada tiempo verbal tiene una forma básica y una forma
progresiva. El presente y el pasado tienen también una forma
enfática, que se expresa con los verbos auxiliares *do, does* o *did*.

TIEMPOS	FORMAS BÁSICAS	FORMAS PROGRESIVAS
Present	*I learn*	*I am learning*
Past	*I learned*	*I was learning*
Future	*I will learn*	*I will be learning*
Present Perfect	*I have learned*	*I have been learning*
Past Perfect	*I have learned*	*I had been learning*
Future Perfect	*I will have learned*	*I will have been learning*

Las formas enfáticas son: del presente, *I do learn*; del pasado,
I did learn.

◆ Las cuatro partes principales del verbo

➜ Concepto clave

Todo verbo tiene cuatro partes fundamentales a partir de las
cuales se forman todos los tiempos. Esas cuatro partes son: el
presente, el participio presente, el pasado y el participio pasado.

PRESENTE	PARTICIPIO PRESENTE	PASADO	PARTICIPIO PASADO
listen	*listening*	*listened*	*listened*
speak	*speaking*	*spoke*	*spoken*

◆ Verbos regulares e irregulares

Los cambios que se producen en las formas del pasado y del
participio pasado de un verbo determina si éste es regular o
irregular.

➜ Concepto clave

Un verbo es **regular** cuando el pasado y el participio pasado se
forman añadiendo *-ed* o *-d* a la forma del presente.

➜ Concepto clave

Un verbo es **irregular** cuando el pasado y el participio pasado no
se forman según un patrón preestablecido.

Uno de los verbos más irregulares en inglés es *be*.

En tu libro de texto en inglés aparece una tabla con verbos
irregulares.

¡Recuerda!
La mejor manera de
aprenderse los verbos
irregulares es usándoios.

◆ La conjugación de los verbos

➜ Concepto clave

Se llama **conjugación** a la lista completa de todas las formas singulares y plurales de un
verbo en un tiempo en particular.

Practica ✎

*1. Escribe al lado de cada oración si la forma del verbo es básica, progresiva o
enfática.*

a. Texas comprises part of the South Central region of the United States. __________

b. Certainly, Texas did derive its name from a Native American word. __________

c. Native Americans had been living in the region before the arrival of Europeans. __________

Aplica ✎

*2. Escribe un párrafo sobre algo interesante que haya sucedido en la escuela esta
semana. Incluye verbos regulares e irregulares en distintas formas del pasado, el
presente y el futuro.*

____

____

21.2 *El uso correcto de los tiempos verbales*

◆ El presente, el pasado y el futuro

Es importante saber usar los distintos tiempos verbales que forman
parte de las tres grandes categorías: presente, pasado y futuro.

Usos de los tiempos del presente

➜ Concepto clave

Las formas del presente indican acciones que se están llevando a cabo en el presente, tanto de un modo puntual como de modo continuado o durativo.

> En tu libro de texto en inglés aparecen unas tablas con los usos de los verbos en presente.

¡Compara!

Para dar énfasis a un verbo en presente o en pasado, el español no usa un auxiliar, sino el adverbio afirmativo "sí" (Yo sí la tengo./Carla sí lo leyó.). En español también es posible dar énfasis a un verbo en tiempo futuro (Leonardo sí irá.)

Usos de los tiempos del pasado

➜ Concepto clave

Los tiempos verbales del pasado expresan acciones o condiciones que se iniciaron en el pasado y aun continúan, o que se iniciaron y terminaron en el pasado.

> En tu libro de texto en inglés aparecen unas tablas con los usos de los verbos en pasado.

Usos de los tiempos del futuro

➜ Concepto clave

Los tiempos verbales del futuro indican acciones o condiciones que tendrán lugar más adelante en el tiempo.

> En tu libro de texto en inglés aparecen unas tablas con los usos de los verbos en futuro.

¡Compara!

Cuidado: el uso del presente durativo con valor de futuro es incorrecto en español.

◆ Relación entre los tiempos verbales

➜ Concepto clave

- Es importante mantener la coherencia entre los distintos tiempos verbales empleados en una oración o párrafo.
- El tiempo verbal de una cláusula subordinada tiene que derivar lógicamente del tiempo de la cláusula principal, según lo que se quiera expresar.

Practica ✍

1. *Escribe la forma del verbo que se indica entre paréntesis.*

a. Nancy ____________ keeping a diary. (*begin*, presente perfecto)

b. The runners ____________ on the next pitch. (*run*, futuro durativo)

c. The girls ____________ the treasure. (*find*, pasado enfático)

d. Many people believe that windsurfing ____________ one of the most popular water activities in the near future. (*be*, futuro).

e. She ____________ her grandmother tomorrow night. (*visit*, presente durativo)

2. *Lee las siguientes oraciones y corrige cualquier error en el uso de los tiempos.*

a. Divers have been diving off rigid platforms since the sports originates.

b. The diver tucked his body tightly before he executes a somersault.

c. The coach will be showing a film after we finished practice.

Aplica ✍

3. *¿Alguna vez paseaste en bote o en lancha, o viajaste en barco? Escribe un párrafo contando la experiencia. Trata de usar oraciones compuestas, que incluyan distintas formas verbales.*

____

____

____

21.3 *El modo subjuntivo*

El sistema verbal del inglés moderno se divide en tres modos: indicativo, imperativo y subjuntivo. El indicativo es el modo habitual de las oraciones enunciativas e interrogativas; el imperativo es el modo que se usa habitualmente en las oraciones en que se dan órdenes o instrucciones. A continuación repasarás el uso correcto del tercer modo, el subjuntivo.

◆ El uso correcto del modo subjuntivo

La tercera persona singular del presente de subjuntivo no tiene la terminación *-s* o *-es*. El presente de subjuntivo del verbo *be* es *be*, y el pasado es *were* para todas las personas gramaticales.

→ Concepto clave

El modo subjuntivo tiene dos usos principales: (1) En cláusulas que comienzan con *if* o *that* y que dependen de verbos que expresan deseos o condiciones. (2) En cláusulas que comienzan con *that* y que dependen de verbos que expresan pedido, exigencia o propuesta.

Practica ✍

1. *Identifica el modo —indicativo, imperativo o subjuntivo— de cada uno de los verbos subrayados en las siguientes oraciones.*

a. <u>Think</u> of different ways to solve the problem. _______________

b. I am sure that he <u>works</u> very hard. _______________

c. He prefers that his mother <u>visit</u> him after the holidays. _______________

2. *Corrige las siguientes oraciones cambiando el verbo al modo subjuntivo cuando sea necesario.*

a. Most countries require that a driver passes a driving test before operating a motor vehicle.

____

b. In the United States, the law in most states requires that a driver is at least sixteen years old.

____

c. If a driver was free to drive without a license, he or she might be a danger to others.

____

d. I wish that I was you, taking a trip like that!

____

e. The judge ordered that the defendant pays a fine.

____

Aplica ✍

3. *Escribe un breve ensayo explicando tu opinión sobre alguna ley o regulación que te prohiba hacer algo que te gustaría. Incluye por lo menos dos oraciones con un verbo en subjuntivo.*

____

____

____

21.4 La voz

◆ Voz activa y voz pasiva

→ Concepto clave

La **voz** es la forma del verbo que indica si el sujeto realiza la acción (voz activa) o si recibe la acción de un agente (voz pasiva).

◆ Usos de la voz activa y de la voz pasiva

→ Concepto clave

En el inglés escrito, es siempre preferible usar la voz activa a la pasiva, porque es más directa y económica.

→ Concepto clave

La voz pasiva, sin embargo, es preferible especialmente en dos casos: cuando se quiere hacer hincapié en la persona o cosa que recibe la acción —y no en quien la realiza—, y cuando saber quién o qué realiza la acción resulta irrelevante o difícil de precisar.

> **¡Recuerda!**
> Sólo los verbos de acción pueden indicar voz. Los verbos de enlace no pueden.

> **¡Atención!**
> Cualquier construcción activa puede convertirse en pasiva al cambiar el complemento directo a sujeto y el sujeto a objeto de la preposición *by* (por).

¡Compara!

Aunque la formación y el uso de la voz pasiva son bastante
similares en ambos idiomas, el español recurre a la voz pasiva
con mucha menos frecuencia que el inglés.

Practica ✍

1. *Identifica cada verbo como activo o pasivo.*

a. Carver was hired by Iowa State College.

b. Carver invented peanut butter.

c. Harriet Tubman was called the "Moses" of her people.

2. *Vuelve a escribir las siguientes oraciones pasándolas a la voz activa. Haz todos los otros cambios necesarios para que cada oración sea correcta.*

a. The playwright was urged by the director to rewrite the last act.

b. My best friend was chosen for the role of Romeo.

c. The play was enthusiastically received by the audience.

d. At the end of the season, the company was given a prize.

e. Many other plays were considered by the judges.

Aplica ✍

3. *Escribe el relato de alguna actividad o competencia, en la que se hayan otorgado distinciones o premios. Incluye por lo menos dos oraciones donde sea apropiado usar la voz pasiva.*

____

____

____

CAPÍTULO 22

El uso de los pronombres

22.1 *Caso*

→ Concepto clave

El **caso** es la forma que adopta un sustantivo o un pronombre
para indicar su función en la oración.

◆ Los tres casos

→ Concepto clave

Los tres casos de los pronombres personales son nominativo,
objetivo y posesivo. En cada caso, la forma del pronombre es
distinta.

NOMINATIVO
They will be here in one hour.
Ellos estarán aquí en una hora.

OBJETIVO
I bought a beautiful present for them.
Compré un hermoso regalo para ellos.

POSESIVO
We love to celebrate their anniversary with them.
Nos encanta celebrar juntos su aniversario.

> **¿Sabías que...**
> aunque en inglés los
> sustantivos tienen
> también caso como los
> pronombres, su forma
> cambia sólo en el caso
> posesivo, cuando se les
> agrega un apóstrofe y
> una *s*?

◆ El caso nominal

→ Concepto clave

Se usa el caso nominativo cuando el pronombre cumple la
función de sujeto de un verbo, predicado nominal o sujeto de
una construcción absoluta.

Uso informal del predicado nominal Aun cuando en la
conversación informal mucha gente usa la forma objetiva del
pronombre después de un verbo de enlace, lo correcto es usar la
forma nominal, especialmente en textos escritos u otras
presentaciones formales.

Pronombre nominal en sujetos y predicados compuestos En
sujetos o predicados compuestos, todos los sustantivos y
pronombres deben ir en caso nominal.

Pronombres nominativos con aposición Cuando un pronombre
con función de sujeto o de predicado nominal va seguido de una
aposición debe ir, de todos modos, en caso nominativo.

◆ El caso complementario

➜ Concepto clave

Se usa el caso complementario cuando el pronombre es objeto o
término de cualquier verbo, verboide o preposición, así como
cuando es sujeto u objeto de un infinitivo.

Al igual que en el caso nominal, cuando un pronombre
objetivo es parte de una construcción compuesta o va seguido de
una aposición debe conservar la forma objetiva.

◆ El caso posesivo

➜ Concepto clave

Además de los usos habituales, es importante recordar que
delante de un gerundio el pronombre debe ir en el caso posesivo.

I respect your maintaining an optimistic outlook.
Respeto que conserves una actitud optimista.

Practica ✍

1. *Vuelve a escribir todos los pronombres que encuentres en las siguientes oraciones y anota en qué caso están.*

a. Our libraries provide us with a wealth of information and literary enjoyment. __________

b. Ask them how they feel. __________

c. My friends and I are planning to visit her at her farm in Connecticut. __________

d. It makes a beautiful present for him. __________

e. Let me tell you what he needs. __________

2. *Vuelve a escribir cada una de las siguientes oraciones, corrigiendo cualquier error que encuentres en el uso de los pronombres. Si la oración está bien, pon "correcta".*

a. John and me wanted to borrow the same book.

____

b. He was playing the trumpet at night and that annoyed he neighbors.

____

c. We wanted Nancy to come with ours.

____

d. She told Marion and I about her birthday.

____

e. Lou resents me using her clothes.

____

Aplica ✍

3. *Escribe un párrafo sobre el tipo de música y conciertos que más te gusten. Usa pronombres en los tres casos. Luego marca cada pronombre, anota en qué caso está y explica por qué lo pusiste en ese caso.*

____

____

____

22.2 Algunos errores frecuentes en el uso de los pronombres

◆ Uso correcto de *who* y *whom*

→ Concepto clave

Para saber cuál es la forma correcta del pronombre, hay que pensar qué función desempeña y qué caso corresponde a esa función.

En tu libro de texto en inglés aparece una tabla con las formas y usos de *who* y *whom*.

La mayor parte de los errores en el uso de *who* y *whom* ocurren cuando dichos pronombres forman parte de una cláusula subordinada. Piensa qué función cumple el pronombre dentro de la cláusula, y deduce de allí qué caso debe usarse.

◆ Pronombres en cláusulas elípticas

→ Concepto clave

En las cláusulas elípticas, aquellas en las que se han omitido algunas palabras, el pronombre va en el mismo caso que iría en la frase completa.

¡Compara!

También en español los pronombres tienen distintas formas según la función que desempeñen. El pronombre en español tiene una forma cuando desempeña la función de sujeto (yo, tú), una forma cuando es objeto directo o indirecto (me, te, lo/la; me, te, le) y una forma cuando es término de preposición (a mí, a ti).

Practica ✍

1. Completa las siguientes oraciones con la forma correcta de who o whom.

a. Give the message to ___________ is in the office.

b. Do you know ___________ the judges selected?

c. Laurie is a person ___________ knows what she wants.

2. Agrega el pronombre que corresponda en cada oración. Luego completa la estructura elíptica.

a. The teacher gave Elena a higher final grade than ___________. (I, me)

b. Can you run the mile faster than ___________? (she, her)

c. The mail carrier brought more mail for them than ___________. (we, us)

Aplica ✍

3. Piensa en alguna persona famosa a la que admires. Escribe cinco preguntas que te gustaría hacerle para saber más sobre su profesión. Usa cada una de las siguientes palabras por lo menos una vez: who, whom, whoever, whomever.

____

____

____

23.1 *Concordancia entre el sujeto y el verbo*

◆ Sujetos singulares y plurales

➜ Concepto clave

Cuando el sujeto está en singular, el verbo debe ir en singular; cuando el sujeto está en plural, el verbo debe ir en plural.

¡Compara!

También en español debe haber concordancia entre sujeto y verbo. Sin embargo, en español hay una forma verbal para cada persona y número en cada tiempo, lo que no sucede en inglés.

◆ Frases o cláusulas entre el sujeto y el verbo

➜ Concepto clave

Las frases o cláusulas que van entre el sujeto y el verbo no afectan la concordancia.

◆ Pronombres relativos como sujeto de cláusula

➜ Concepto clave

Cuando los pronombres relativos *who*, *which* o *that* son el sujeto de una cláusula subordinada, lo que determina si el verbo de la cláusula va en singular o plural es el antecedente del pronombre.

◆ Sujetos compuestos

➜ Concepto clave

- Un sujeto compuesto unido por *and* generalmente es plural y lleva el verbo en plural.
- Dos o más sujetos en singular unidos por *or* o *nor* llevan el verbo en singular.
- Dos o más sujetos en plural unidos por *or* o *nor* lleva el verbo en plural.
- Si en un sujeto compuesto un sujeto está en singular y otro en plural, el verbo debe concordar con el sujeto más cercano.

◆ Confusión de sujetos

- Algunos sujetos son difíciles de encontrar como en el caso de los sujetos de los verbos de enlace, los sustantivos colectivos, los sustantivos que parecen plurales, los pronombres indefinidos, títulos, y cantidades y medidas. Aun cuando el sujeto vaya después del verbo, ambos deben concordar.
- El verbo de enlace debe concordar con el sujeto, independientemente de cuantos predicados nominales tenga.
- Un sustantivo colectivo lleva el verbo en singular cuando el grupo al que se refiere actúa como una unidad.

Un sustantivo colectivo lleva el verbo en plural cuando el grupo al que se refiere actúa como una suma de individuos con distintos puntos de vista.

- Los pronombres indefinidos singulares llevan el verbo en singular. Los pronombres indefinidos plurales llevan el verbo en plural.
- Los sustantivos que expresan cantidades o medidas por lo general son singulares y requieren el verbo en singular.

Practica ✍

1. Subraya verbo que concuerde con el sujeto.

a. Saturn, along with Jupiter and Uranus, (has/have) rings that encircle the planet.

b. Stars are glowing balls of gas that (erupts/ erupt) at times.

c. One of Jupiter´s moons (has/have) a great deal of volcanic activity.

d. Neither Venus nor Mars (appears/appear) to support life.

e. (Was/Were) both author Arthur C. Clarke and director Stanley Kubrick involved with producing the movie version of *2001: A Space Odyssey*?

2. Escribe las siguientes oraciones en una hoja aparte, corrigiendo cualquier error que encuentres en la concordancia de los verbos. Si no hay errores pon "correcta" al lado de la oración.

a. Do the presence of water in the form of ice indicate that life could have existed on Mars?

b. Every boy and girl learn about the solar system in school.

c. Either Kim or Barry is creating a model of the solar system for the science fair.

d. Hydrogen is one of the main gases that makes up the sun.

e. Neither Marcia nor her sisters is ready for the science test.

3. *Escribe un párrafo sobre algún aspecto de la Luna que te interese. Cuando term*
marca el sujeto de cada oración. Luego escribe una "v" debajo de cada verbo.

23.2 *Concordancia entre el pronombre y su antecedente*

◆ Concordancia entre los pronombres personales y sus antecedentes

→ Concepto clave

El pronombre personal debe concordar con su antecedente en número, persona y género.

◆ Concordancia de número

→ Concepto clave

Cuando dos antecedentes van unidos por *or* o *nor* el pronombre personal va en singular. Cuando dos antecedentes van unidos por *and* el pronombre personal va en plural.

Usa el pronombre en plural si cualquiera de las partes de un antecedente compuesto es plural.

Concordancia de persona y género

→ Concepto clave

Es importante cuidar la concordancia de persona entre pronombres y antecedentes dentro de la misma oración.

Cuando el género del antecedente no está especificado, se usan, o bien los dos pronombres personales *his* or *her*, o *his/her*, o bien el pronombre plural *their*.

◆ Concordancia con pronombres indefinidos

→ Concepto clave

Cuando el antecedente es un pronombre indefinido plural, el pronombre personal va en plural. Cuando el antecedente es un pronombre indefinido singular, el pronombre personal va en singular.

> **¡Atención!**
> En inglés los sustantivos no tienen género pero los pronombres personales sí.

> **¡Recuerda!**
> Los pronombres indefinidos se refieren a personas, lugares o cosas en forma no específica.

◆ Concordancia con pronombres relativos

→ Concepto clave

Los pronombres relativos deben concordar con sus antecedentes
sólo si éstos aparecen previamente en la oración.

Practica ✍

1. *Completa las siguientes oraciones con la forma correcta del pronombre personal.*

a. Some of the hot dogs already have mustard on __________.

b. Everyone on the girls' hockey team provides __________ own uniform.

c. I think some of these cookies have nuts in __________.

2. *Completa las siguientes oraciones con el pronombre correcto.*

a. Every orchestra has __________ unique sound.

b. Laura and Alyssa are working hard to prepare for __________ recital.

c. Most of my friends rent __________ instruments for music lessons.

d. When anyone in my band goes to a concert, __________ shares stories with the rest of us.

Aplica ✍

3. *Escribe un párrafo sobre el instrumento musical que más te guste. Usa por lo menos cuatro pronombres personales y dos pronombres indefinidos. Revisa la concordancia.*

____

____

____

23.3 *Algunos problemas de concordancia del pronombre*

◆ Referencia imprecisa

→ Concepto clave

Para evitar confusiones, pronombres como *which*, *this* y *these*
deben tener un antecedente explícito o claramente sobreentendido.

Los pronombres personales *it*, *they* y *you* también deben tener
tener un antecedente preciso.

→ Concepto clave

Usa *you* sólo para referirte a la persona o personas a las que te
diriges. Evita el uso impersonal del pronombre.

◆ Referencia ambigua

→ Concepto clave

El pronombre nunca debe referirse a más de un antecedente.

> **¡Recuerda!**
> Un pronombre que está
> muy lejos de su
> antecedente puede
> confundir al lector.

◆ Antecedentes alejados

→ Concepto clave

Para evitar confusiones, el pronombre personal siempre debe ir
lo más cercano posible de su antecedente.

Practica ✐

***1. Escribe las siguientes oraciones corrigiendo todos los problemas que encuentres
entre los pronombres y sus antecedentes.***

a. There are two kinds of whales: toothed whales and baleen whales. This was explained by
our teacher.

____

b. The orca's diet consists of sea birds, fish, turtles, and seals. They showed them in a
television documentary.

____

c. There was an article about dolphins in a science magazine, but I couldn't find it.

____

***2. Escribe las siguientes oraciones corrigiendo todos los casos de pronombres
demasiado alejados de sus antecedentes.***

a. Researchers can attach a small transmitter to a whale's back. The researchers track the
movements and habits of the whale. It uses satellite technology.

____

b. Barnacles live on the throat, chin, fins, and tail of humpbacks. The barnacles form whitish
patterns on the whales. Some researchers recognize them by their "barnacle neckties."

____

c. The waves lapped the sides of the ship. Birds circled overhead. It rose and fell with the
swell of the waves.

____

Aplica ✐

***3. Escribe una breve descripción de algún animal fantástico o mitológico sobre el que
hayas leído algo alguna vez. Asegúrate de que todos los pronombres personales que
utilizas tengan un antecedente claro.***

____

____

____

24.1 *Los grados de comparación*

→ Concepto clave

Los tres grados de comparación son el positivo, el comparativo y el superlativo.

• Se puede agregar *-er* o *-est* al final de modificadores de una o dos sílabas.

• Se puede escribir *more* o *most* delante de los modificadores de tres sílabas o más. También se usan con modificadores de una o dos sílabas que sonarían mal o raros si se les agregara la terminación *-er* o *-est*. Asimismo, todos los adverbios terminados en *-ly* forman el comparativo y el superlativo con *more* y *most*, independientemente del número de sílabas que tengan. *Less* y *least* son los opuestos de *more* y *most*.

• Los comparativos irregulares deben ser memorizados. Algunos de ellos son: *bad-worse-worst, far-farther-farthest, good-better-best, much-more-must.*

> **¡Recuerda!**
> Cuando un adjetivo termina en una consonante precedida por una vocal, la consonante se repite antes de las terminaciones *-er, -est.* Si un adjetivo termina en *y*, la *y* se convierte en *i.*

◆ Comparativos irregulares

> En tu libro de texto en inglés aparece una tabla con una lista de comparativos irregulares.

Bad y *good* son adjetivos que pueden usarse después de un verbo de enlace. No se pueden usar como adverbios después de un verbo de acción.

Practica ✍

1. Escribe una oración usando correctamente cada uno de los siguientes modificadores.

a. more delicate _______________

b. coldest _______________

c. more intolerant _______________

d. harder _______________

e. most sacred _______________

2. *Escribe cada una de las siguientes oraciones, corrigiendo cualquier error que encuentres en el uso de los comparativos. Si la oración está bien, pon "correcta".*

a. The harsh New England winters were more bad than the settlers had imagined.

____

b. The Puritans often treated bad anyone with other religious beliefs. _______________

c. The station was more far than the post office. _______________

d. Yesterday she felt sick, but today she feels much good. _______________

e. Today, Puritan settlers remain one of the most good examples of the human ability to endure and to overcome obstacles. _______________

Aplica ✍

3. *Escribe un párrafo comparando dos personas que conozcas bien. Usa los distintos grados de la comparación a partir de adjetivos y de adverbios.*

____

____

____

24.2 *Construcción de comparaciones claramente expresadas*

◆ Uso del comparativo y el superlativo

➜ Concepto clave

El grado comparativo se usa para comparar dos personas, lugares o cosas. El grado superlativo se usa para comparar tres o más personas, lugares o cosas.

COMPARATIVO
My accountant is more dependable than Florence's.
Mi contadora es más confiable que la de Florencia.

SUPERLATIVO
Suzan is the most dependable accountant I know.
Suzan es la contadora más confiable que conozco.

Un error frecuente consiste en construir lo que se llama "una doble comparación", es decir, una frase con *more* o *most* seguida de un modificador al que se le ha agregado *-er* o *-est*; o un modificador irregular con *-er* o *-est* al final.

INCORRECTO
Your suitcase is more heavier than mine.

CORRECTO
Your suitcase is heavier than mine.
Tu maleta es más pesada que la mía.

◆ Uso lógico de las comparaciones

→ Concepto clave

Asegúrate siempre de comparar cosas del mismo tipo o clase.

→ Concepto clave

Cuando compares una cosa de un grupo con las del resto del
grupo asegúrate de incluir las palabras *other* o *else* en la oración.

◆ Evita comparaciones con modificadores absolutos

→ Concepto clave

Evita usar de un modo ilógico los modificadores absolutos, tales
como *fatal*, *vertical*, *entirely*, *final*, *identical*, *opposite*, *dead*,
perfect o *unique*, es decir, modificadores que no aceptan grados o
matices.

ILÓGICO
Of all the stock market panics, that one was the most fatal.
De todas situaciones de pánico que sufrió la bolsa, ésa fue la
más fatal.

CORRECTO
Of all the stock market panics, that one was the most severe.
De todas situaciones de pánico que sufrió la bolsa, ésa fue la
más grave.

Practica ✍

1. Escribe las siguientes oraciones corrigiendo todos los errores que encuentres en la construcción de las comparaciones.

a. The number of companies listed on the Exchange now is greater than 1970.

____

b. The value of my stock is higher than your stock.

____

c. There are more stock trades here than anywhere.

____

2. Vuelve a escribir las siguientes oraciones corrigiendo todos los errores que encuentres en el uso de los modificadores absolutos.

a. The most dead time on Wall Street is after the Stock Exchange closes.

b. The stock exchange is one of the most unique expressions of capitalism.

c. Making a profit is the more ultimate desire of investors.

Aplica ✍

3. Escribe un párrafo comparando dos universidades en las que te gustaría estudiar. Asegúrate de construir comparaciones lógicas y claras. Utiliza por lo menos una vez cada una de las siguientes palabras: most, unique, better, complete.

____

____

____

Otros problemas gramaticales

25.1 Oraciones negativas

◆ Reconoce los dobles negativos

Un error frecuente en inglés consiste en usar dos palabras negativas cuando una sola es suficiente. Este error se llama "doble negativo". El error puede corregirse usando una de las dos formas negativas.

→ Concepto clave

No escribas oraciones con "dobles negativos".

INCORRECTO
Nobody can't march in the parade.

CORRECTO
Nobody can march in the parade.
They can't march in the parade.
Nadie puede marchar en el desfile.

¡Compara!

En español, el doble negativo es la forma correcta de formular la negación en muchas construcciones: No vino nadie a la fiesta.

◆ Construcción de oraciones negativas

Hay tres maneras de construir una oración negativa:

1. Usando una palabra negativa, como *never, no, nobody, nothing, nowhere, not* o la contracción *-n't* con un verbo auxiliar.

The marmalade wasn't sweet enough.
La mermelada no estaba suficientemente dulce.

2. Usando *but* con valor negativo, es decir, en el sentido de *only*. En este caso hay que recordar no agregar ninguna otra palabra negativa en la oración.

The circus had but one clown.   *The circus had only one clown.*
El circo no tenía sino un payaso.   El circo tenía un solo payaso.

3. Usando *barely, hardly o scarcely* sin agregar ninguna otra palabra negativa en la misma oración.

My family hardly ever celebrates New Year's Eve.
Mi familia raramente celebra el año nuevo.

¿Sabías que...
puede haber más de una palabra negativa en las oraciones que tienen más de una cláusula? En esos casos, sin embargo, sólo puede haber una palabra negativa por cláusula.

◆ Uso de negativos con valor retórico

Cuando los autores usan negativos con valor retórico están
expresando una idea indirectamente, para disminuir su
importancia o para llamar la atención sobre ella.

➜ Concepto clave

A veces una construcción negativa sirve para expresar una idea
de manera indirecta o con un leve matiz irónico. En esos casos
la oración se forma con una palabra negativa y una palabra con
un prefijo negativo, como *un-*, *in-*, *dis-* o *under-*.

María does not dislike the circus.
A María no le disgusta el circo.

She was hardly unexperienced at working with others.
No era inexperta en trabajar con otros.

Practica ✍

**1. *Escribe las siguientes oraciones usando la palabra indicada para formar
correctamente el negativo.***

a. Don't (ever, never) go to a county fair without a lot of energy.

____

b. The United States (isn't, is) hardly the only country to celebrate a day of thanks.

____

c. I didn't ask (no one, anyone) for directions.

____

d. My family couldn't find me (nowhere, anywhere).

____

e. There (wasn't, was) but one crop that survived that first year.

____

**2. *Escribe cada una de las siguientes oraciones, corrigiendo cualquier error que
encuentres en el uso de los negativos. Si la oración está bien, pon "correcta".***

a. Many festivals and celebrations don't have no rides and games.

____

b. There is no classical music enthusiast who doesn't know nothing about the Salzburg
Festival in Austria.

____

c. The yearly art show on the streets of New York City doesn't feature but local artists.

____

d. If we don't have nothing to do on Saturday, let's go down to Greenwich Village.

____

e. We were hardly unpleased with the carnival.

____

**3. Escribe un párrafo describiendo alguna fiesta familiar en la que te hayas abur
Usa distintos tipos de construcciones negativas, incluso alguna con valor retórico**

25.2 *Otros errores frecuentes*

Muchas palabras y expresiones se prestan a confusión, ya sea
porque su ortografía o pronunciación son similares o porque los
errores al usarlas son muy frecuentes. Tal es el caso de *a* y *an*,
accept y *except*, *all righ* y *alright*, *affect* y *effect*.

Otras se prestan a confusión porque sus significados son
parecidos, pero no quieren decir exactamente lo mismo, como
among y *between*, *beat* y *win*, o *beside* y *besides*. Lee
cuidadosamente los ejemplos que aparecen en tu libro de texto
para cada uno de estos pares de palabras e intenta recorder el
uso correcto de cada una.

Algunos ejemplos:

- *a, an* (*a* antes de una palabra que empieza con consonante, *an*
  antes de vocal)
- *accept, except* (el primero significa "aceptar", el segundo, "con
  excepción de")
- *ain't* (error, debe decirse "am not")
- *all right, alright* (La primera forma es la correcta.)
- *all together, altogether* ("todos juntos" y "completamente")
- *among, between* (*among* significa "entre [varios]" y *between* se
  usa para expresar "entre [dos]")
- *anyone, any one, everyone, every one.* (*Anyone* y *everyone*
  significan, respectivamente, *any person* y *every person.*)

> En tu libro de texto en inglés aparece una lista con más palabras
> que frecuentemente se prestan a confusión.

Practica ✍

1. Elige la expresión correcta para completar cada oración.

a. The way we find our information (affects, effects) our grade.

b. Our group divided the research tasks (among, between) the group members.

c. Pharmaceutical companies are (anxious, eager) to find new medicines.

d. Countries are concerned (as to, about) how to balance their budget.

e. By now, most of the group has (accepted, excepted) it.

2. *Escribe las siguientes oraciones corrigiendo todos los errores de uso que encuentres. Si no hay errores, escribe "correcta" al lado de la oración.*

a. Ain't you going to use another topic?

____

b. I changed my research method all together.

____

c. That is not a issue.

____

Aplica ✍

3. *Escribe un párrafo sobre la vegetación del área donde vives. Incluye por lo menos tres de las siguientes expresiones:* all together, altogether, among, between, affects, effects, adapt, adopt.

____

____

____

CAPÍTULO 26

Las mayúsculas

26.1 *Uso de mayúscula al comienzo de la oración*

→ Concepto clave

La primera palabra de una oración siempre empieza con mayúscula. La primera palabra de una cita y de una oración completa después de dos puntos, también empiezan con mayúscula. En la poesía tradicional también se escribe con mayúscula la primera letra de cada verso.

CITA DE DISCURSO DIRECTO
Joe exclaimed, "The enemy is in the field!"
—El enemigo está en el campo de batalla —exclamó Joe.

ORACIÓN COMPLETA DESPUÉS DE DOS PUNTOS
He repeated his statement: He was unable to continue marching.
El repitió su afirmación: Le era imposible continuar la marcha.

¡Compara!

En español, el discurso directo no se transcribe por lo general en la misma línea y entre comillas, como en inglés, sino siguiendo una notación especial basada en el uso de guiones. La primera palabra después de un guión de diálogo en español también va con mayúscula y las palabras que van entre guiones a modo de inciso van con minúscula.

¿Sabías que...
si una cita o diálogo se interrumpe a la mitad, la última parte no comienza con mayúscula? Si la cita se interrumpe pero continúa con otra oración, ésta debe comenzar con mayúscula.

◆ Uso de mayúsculas para los nombres propios

→ Concepto clave

Todos los nombres propios se escriben con mayúscula inicial, ya aparezca el nombre completo o sólo una parte; y ya sean nombres de personas o de lugares geográficos; de hechos, períodos o documentos históricos; de organizaciones, partidos políticos; de razas, nacionalidades, lenguas o religiones; o nombres de premios, distinciones, o personajes literarios o mitológicos.

> En tu libro de texto en inglés aparecen unas tablas con nombres de lugares, sucesos, grupos y otros nombres importantes.

¡Compara!

En español, los nombres de países y lugares van con mayúsculas, pero los de razas, lenguas y religión van con minúscula.

◆ Uso de mayúsculas en adjetivos derivados de nombres propios

Todos los adjetivos derivados de nombres propios y los nombres propios en función adjetiva van con mayúscula en inglés.

→ Concepto clave

- Los sustantivos comunes modificados por un nombre de marca no van con mayúsculas, la marca sí.
- En casos de adjetivos propios compuestos, va con mayúscula sólo la parte que se refiere a nacionalidad o la que deriva de un nombre propio.
- Un sustantivo común que se use con dos adjetivos propios debe ir con minúscula.

◆ Uso de mayúsculas en títulos

→ Concepto clave

- Los títulos van con mayúscula cuando van seguidos del nombre de la persona, o cuando se usan como nombres propios.

Today we met Sargeant Mason.
Hoy conocimos al Sargento Mason.

Here is your sword General.
Su espada, General.

- Escribe con mayúsculas los títulos de gobernantes importantes, aunque no estén seguidos del nombre propio.

The Governor dedicated the monument to the fallen soldiers.

El Gobernador dedicó el monumento a los soldados caídos en acción.

- En inglés, cuando el título de un familiar va seguido por su nombre o es usado como nombre, se escribe en mayúscula.

Uncle Ted enjoys gardening.	A Tío Ted le gusta la jardinería.
He says that Grandmother enjoys gardening too.	Él dice que a Abuela también le gusta la jardinería.

> En tu libro de texto en inglés aparece una tabla con títulos sociales, comerciales, religiosos, militares y gubernamentales

→ Concepto clave

En los títulos de libros, periódicos, revistas, poemas, cuentos cuadros y otras obras de arte, van con mayúsculas no sólo la primera palabra sino todas las palabras importantes.

> En tu libro de texto en inglés aparece una tabla con títulos de obras.

¡Compara!

En español, sólo la primera palabra de un título de libro, periódico u obra de arte va con mayúscula.

> **¡Atención!**
> Los artículos, las preposiciones y las conjunciones de dos o tres letras que forman parte de un título no llevan mayúscula. Los verbos y los pronombres personales llevan siempre mayúscula.

Practica ✍

1. *Escribe las siguientes oraciones corrigiendo todos los errores que encuentres en uso de las mayúsculas.*

a. Ulysses s. grant, who would become a general in the union army, began his career inauspiciously.

____

b. he spent the holidays in santa fe, new Mexico.

____

c. everybody knew about her French-Speaking tutors.

____

2. *Lee las siguientes oraciones. Escribe al lado de cada una qué reglas se han seguido en el uso de las mayúsculas.*

a. Men and women from Washington, D.C., crossed the Potomac River. ____________

b. The boys were reading <u>Crime and Punishment</u>. ____________

c. Everybody in Ohio wanted to meet Dr. Frost. ____________

d. Myriam´s mother is Jewish, of Polish descent, and her father is Muslim, from the Rif, in the North of Africa. ____________

e. Edith got a fellowship to study at Mannes School of Music. ____________

Aplica ✍

3. *Escribe un párrafo sobre algún hecho de la historia universal que te interese. Incluye todos los datos que puedas con respecto a lugares, fechas, personas que participaron, documentos que se firmaron a partir de ese hecho, así como varias fuentes bibliográficas que se puedan consultar sobre el tema.*

____

____

____

27.1 *Signos al final de la oración*

El signo que lleva cada oración al final depende de si ésta es enunciativa, imperativa, exclamativa o interrogativa.

◆ Uso básico de los signos al final de la oración

El punto final

→ Concepto clave

Se escribe un punto al final de las oraciones declarativas, de las oraciones imperativas suaves y de las preguntas indirectas.

ORACIÓN DECLARATIVA
There are more than 10,000 species of birds.
Hay más de 10.000 especies de aves.

ORACIÓN IMPERATIVA
Clean the bird cage.
Limpia la jaula del pájaro.

INTERROGACIÓN INDIRECTA
My father asked whether we saw the eagle.
Mi padre nos preguntó si habíamos visto el águila.

El signo de interrogación

→ Concepto clave

El signo de interrogación va siempre al final de las oraciones interrogativas, de una pregunta incompleta o de una afirmación que se propone como pregunta.

ORACIÓN INTERROGATIVA
Why are there so many birds in your garden?
¿Por qué hay tantos pájaros en tu jardín?

PREGUNTA INCOMPLETA
Penguins have lost their ability to fly. Why?
Los pingüinos perdieron la capacidad de volar. ¿Por qué?

AFIRMACIÓN CON MATIZ DE PREGUNTA
Birds eat grasshoppers?
¿Los pájaros comen saltamontes?

El signo de exclamación

→ Concepto clave

El signo de exclamación indica que una oración es exclamativa o imperativa fuerte.

ORACIÓN EXCLAMATIVA
This new information changes nothing!
¡Esta nueva información no cambia nada!

> **¡Atención!**
> Recuerda que en inglés los signos de interrogación y exclamación se ponen sólo al final de las oraciones, nunca al principio.

Wait for the girls!
¡Esperen a las chicas!

◆ Otros usos de los signos del final de la oración

Los puntos se usan también en los siguientes casos:

• **Punto después de abreviaturas** Después de una abreviatura, por lo general va un punto.

Cuando la abreviatura va al final de una oración, basta con poner un solo punto; pero si la oración es interrogativa, después del punto de la abreviatura hay que poner el signo de interrogación.

Is the speaker Adam Martin, Jr.?
¿El conferenciante es Adam Martin, Jr.?

• **Punto después de números y letras** Después de los números y letras que indican elementos de un esquema o lista se escribe un punto.

¡Compara!

En español, las oraciones interrogativas llevan un signo de interrogación al principio y otro, invertido, al final. Las oraciones exclamativas o imperativas con signos de admiración, llevan, asimismo, un signo al principio y otro al cierre de la oración.

Practica ✍

1. *Reescribe las siguientes oraciones agregándoles los signos que correspondan.*

a. Have you ever visited the bird sanctuary

____

b. It was so much fun

____

c. For instance, did you know that birds are the only animals that have feathers

____

d. What an enormous bird

____

e. Have you ever gone to Washington, D.C.

____

Aplica ✍

2. *Escribe un párrafo sobre algún parque nacional que conozcas o que te gustaría conocer. Usa tres oraciones declarativas, dos exclamativas, una interrogativa y una imperativa. Presta atención a la puntuación.*

____

____

____

> **¿Sabías que...**
> Hay abreviaturas que no terminan con un punto?

27.2 *La coma*

La coma sirve para separar los elementos básicos de la oración.

La coma en oraciones compuestas

➜ Concepto clave

Se usa una coma antes de las conjunciones *and*, *but*, *for*, *nor*, *or*, *so* y *yet* para separar dos o cláusulas independientes dentro de una oración compuesta.

My mother loves the country, but my father prefers the city.
A mi mamá le encanta el campo, pero mi papá prefiere la ciudad.

◆ La coma con series y adjetivos

Series

➜ Concepto clave

Se usan comas para separar tres o más palabras, frases o cláusulas de una serie.

We explore the city by bus, by train, and by car.
Recorrimos la ciudad en bus, en tren y en auto.

¡Compara!

Como ves en la traducción del ejemplo anterior, en el español no se pone coma entre el penúltimo y el último término de una serie o enumeración, excepto cuando se quiere separar frases o construcciones complejas.

Adjetivos

➜ Concepto clave

Usa comas para separar adjetivos de un mismo rango o nivel, pero no entre adjetivos que deben mantener un orden determinado.

CON COMA
They live in a huge, white, beautiful mansion.
Viven en una casa grande, blanca y hermosa.

SIN COMA
The long ticket line is moving faster than the shorter reservations line.
La cola larga de las entradas va más rápido que la cola corta de las reservas.

◆ La coma después de un inciso inicial

➜ Concepto clave

Se usa coma después de una palabra, frase o cláusula introductoria.

At the very top, my father paused to enjoy the view.
Al llegar a la cima, mi padre se detuvo a admirar la vista.

◆ La coma con expresiones explicativas y no esenciales

Expresiones explicativas

→ Concepto clave

Se usa coma antes y después de una expresión explicativa.

I am explaining this theory, I believe, as clearly as I can.
Estoy explicando esta teoría, pienso, lo más claramente que puedo.

Frases o cláusulas adjetivas esenciales y no esenciales

→ Concepto clave

Las frases y las cláusulas adjetivas pueden ser esenciales para
mantener el significado de la oración (restrictivas), o no esenciales
(no restrictivas). No se usa coma antes de una cláusula esencial,
pero sí antes y después de una frase o cláusula no restrictiva.

FRASE O CLÁUSULA RESTRICTIVA (sin comas)
The girls who wanted to go to the Met got the bus.
Las niñas que querían ir al Met tomaron el autobús.

FRASE O CLÁUSULA NO RESTRICTIVA (con comas)
The girls, who wanted to go to the Met, got the bus.
Las niñas, que querían ir al Met, tomaron el autobús.

Observa que en el primer caso sólo las niñas que querían ir al
Met tomaron el autobús; en el segundo caso todas las niñas
querían ir al Met.

◆ Otros usos de la coma

Fechas	June, 6, 1944, was D-Day.
Nombres geográficos	She was born in Queens, New York.
Direcciones	Send your entries to Town Hall, 1352 Main Street, Brandford, Connecticut 06405.
Nombres con títulos	Martin Barber, S.T.D., will preach on Sunday.
Encabezamiento y cierre de una carta	Dear Mrs. Cox, Sincerely yours,
Cantidades	1,789 envelopes 2,867,321 people
Oraciones elípticas	Tom is studying French; Sue, German
Citas en discurso directo	"You're kidding," Jill said.
Para evitar confusión	Next to John, Bob is my best friend.

¡Compara!

La manera en que se emplea la puntuación varía en inglés y en
español.

Practica ✍

1. Reescribe las oraciones siguientes agregándoles todas las comas necesarias. Escribe "correcta" al lado de cada oración que te parezca que ya está puntuada como corresponde.

a. I visited New York during the hot humid month of August.

b. New York was founded by the the Dutch in 1626 but it was called New Amsterdam.

c. New York is an enormous place, with many things to do much to see and lots of places to go.

d. In downtown my grandfather hailed a bright yellow taxi.

e. Although La Guardia's term as mayor ended in 1945 many of his contributions to New York City are still evident today.

2. Revisa las oraciones siguientes corrigiendo todos los errores que encuentres en el uso de las comas.

a. They did, their best however.

b. Rockefeller Center, was the first of many, interesting stops.

c. Ben tell me, please what time it is.

d. The notebook, was mine not Jack's.

e. The Metropolitan Museum of Art exhibits, paintings by famous artists such as Gauguin Monet Van Gogh and Cézanne.

Aplica ✍

3. Escribe un ensayo sobre alguna ciudad que hayas visitado. Enumera y describe los lugares turísticos más importantes, y otras características interesantes del lugar, como los edificios, las calles y los medios de transporte. Presta especial cuidado a la puntuación de tu escrito y revisa varias veces el uso de las comas.

27.3 Punto y coma y dos puntos

◆ El punto y coma

→ Concepto clave

Se usa punto y coma para conectar dos cláusulas independientes no unidas por conjunción o separadas por un adverbio o una expresión de transición. También puede usarse para evitar confusión en enumeraciones o series en las que hay comas.

<table>
<tr><td colspan="2" align="center">USOS DEL PUNTO Y COMA</td></tr>
<tr><td>Con cláusulas independientes sin conjunción</td><td>Andy ordered a pizza; Bill wanted a hamburger</td></tr>
<tr><td>Con cláusulas independientes separadas por adverbio</td><td>Audrey has a bad cold; consequently, she won'
to school.</td></tr>
<tr><td>Con cláusulas independientes con una expresión transicional</td><td>Jim is an excellent student; as a matter of fact, he is the best in the class.</td></tr>
<tr><td>En series que ya tienen comas</td><td>She read different kinds of books, like biographies, history, and philosophy; religious sermons and essays; and she turned to her tutor, Mrs. Evans, for further instruction.</td></tr>
</table>

◆ Los dos puntos

<table>
<tr><td colspan="2" align="center">USOS DE LOS DOS PUNTOS</td></tr>
<tr><td>Listas después de una cláusula independiente</td><td>The United States government has three branches: the executive, the legislative, and the judicial.</td></tr>
<tr><td>Citas en discurso directo</td><td>The host raised his glass: "Happy holidays to all."</td></tr>
<tr><td>Frases que explican o resumen</td><td>The diet was strict: Fats were entirely prohibited.</td></tr>
<tr><td>Apositivos después de una cláusula independiente</td><td>We decided on the perfect choice: you.</td></tr>
</table>

> En tu libro de texto en inglés aparece una tabla de casos en los que se requiere emplear los dos puntos.

Practica ✍

1. Reescribe las siguientes oraciones poniendo el punto y coma en los lugares donde corresponda.

a. Paul has studied piano for three years he will give a recital soon.

b. Louise missed her bus as a result she will be quite late.

c. I enjoy fruit cheese or nuts which are healthful snacks but they will never replace pastries.

d. Martha greatly admires her sister she is a brain surgeon.

Aplica ✍

2. Escribe un discurso para persuadir a tu clase de que voten por ti como mejor compañera o compañero. Enumera tus habilidades y virtudes. Usa la puntuación correctamente para enfatizar las partes más importantes de tu presentación. Luego léele el discurso a la clase.

27.4 Comillas y subrayado

◆ Comillas para citar en discurso directo

→ Concepto clave

Una cita en discurso directo es aquella que repite literalmente lo
que alguien dijo o pensó. Este tipo de citas siempre van entre
comillas. Una cita en discurso indirecto parafrasea de un modo
general lo que alguien dijo o pensó y no requiere comillas.

CITA EN DISCURSO DIRECTO (entre comillas)
*The journalist said, "I expect to finish the article before the
deadline."*
La periodista dijo —Espero terminar el artículo antes de la fecha
de cierre.

CITA EN DISCURSO INDIRECTO (sin comillas)
*The journalist said that he expected to finish the article before the
deadline.*
La periodista dijo que esperaba terminar el artículo antes de la
fecha de cierre.

¡Atención!
En un diálogo, si la
persona que habla dice
dos o más oraciones
seguidas, se deben
poner comillas al
comienzo de la primera
oración y al final de la
última.

◆ Otros signos de puntación dentro y fuera de las comillas

→ Concepto clave

Las comas y puntos van siempre antes del cierre de comillas. El
punto y coma y los dos puntos van siempre después del cierre
de comillas. En el caso de los signos de interrogación y
exclamación, su lugar depende del sentido de la oración
completa.

COMAS Y PUNTOS
"It is unlikely," Ed said, "that it will rain."

PUNTO Y COMA Y DOS PUNTOS
*Len observed, "I think I can fix this bike"; then he explained the
problem.*

SIGNOS DE INTERROGACIÓN Y EXCLAMACIÓN
Beth asked, "Will you be ready by 3:00?"
Didn´t Beth say, "You should be ready by 3:00"?

◆ Uso de la comilla simple

→ Concepto clave

Se usa la comilla simple para marcar una cita dentro de otra.

COMILLA SIMPLE
The teacher asked, "What poem begins, 'At night, by the fire . . .'?"

◆ Subrayados, itálicas y comillas

➔ Concepto clave

Se usa el subrayado o las itálicas para indicar títulos de libros y otros materiales escritos extensos, como obras de teatro, revistas o periódicos; también para películas, discos, programas de televisión, óperas, composiciones sinfónicas y otras obras de arte.

➔ Concepto clave

También van subrayados o en itálicas los nombres propios de aviones, barcos, naves espaciales, las palabras o frases extranjeras, números, letras, símbolos y algunas palabras que se quieran enfatizar.

➔ Concepto clave

Se usan comillas para indicar los títulos de escritos cortos (poemas, obras de un acto, cuentos), capítulos de libros, episodios de una serie (en programas de televisión, por ejemplo), canciones y partes de discos o composiciones musicales más extensas.

Practica ✍

1. Reescribe las siguientes oraciones corrigiendo todos los errores que encuentres. Presta atención al uso de comillas y otros signos.

a. He was sailing The Siren.

b. She asked him whose car was that.

c. We have different opinions about that, he said.

Aplica ✍

3. Escribe una reseña de una serie televisiva o de una revista que te guste mucho. Indica qué episodios o artículos te han gustado más. Cita algo que haya dicho algún personaje del programa o algún colaborador de la revista. Presta atención al uso de comillas, itálicas y subrayados.

____

____

____

27.5 *Rayas, paréntesis, corchetes y guiones*

En esta sección estudiarás algunos de los signos de puntuación que se usan con menos frecuencia, como las rayas —, los paréntesis ( ), los corchetes [ ] y el guión -.

◆ Rayas

➔ Concepto clave

Las rayas se usan para indicar un giro abrupto del pensamiento o la interrupción de una idea, o para introducir una frase sintetizadora o una aposición o frase explicativa que ya contenga signos de puntuación.

> En tu libro de texto en inglés aparece una tabla con los usos de la raya.

¡Compara!

En español, las rayas tienen usos similares al inglés. En español
la raya se usa también en los diálogos para marcar la intervención
de cada personaje. En inglés se usan las comillas.

◆ Paréntesis

➔ Concepto clave

Se usan paréntesis para introducir explicaciones, cuando el
material no es esencial y consiste de una o más oraciones.
También se usan paréntesis para enumerar los elementos de
una serie, y con ciertas referencias numéricas, como las fechas
de nacimiento y muerte.

◆ Corchetes

➔ Concepto clave

El principal uso de los corchetes es introducir en una cita una
palabra o frase que no aparece en el original. También sirve para
indicar que se transcribe literalmente una cita en la que hay un
error.

◆ Guiones

➔ Concepto clave

Se usa el guión para escribir los números; para escribir fracciones
en función de adjetivos; para unir las partes de algunas palabras
y prefijos, para evitar confusiones en ciertas combinaciones de
palabras y para separar palabras a final de renglón.

> **¡Recuerda!**
> Aunque el material encerrado entre paréntesis no es esencial para el significado de la oración, los paréntesis indican que de alguna manera el material tiene importancia para el escritor y desea destacarlo.

Practica ✍

1. *Reescribe las siguiente oraciones agregando las rayas y paréntesis que hagan falta.*

a. Carol's house you should see the size of it is on a hill outside of town.

____

b. I can't find my ah, there they are.

____

c. Luciano Pavarotti born 1935 has achieved extraordinary popularity.

____

d. Once this storm passes if it ever does the weather should be beautiful.

____

2. *Reescribe las siguientes oraciones agregando corchetes y guiones donde corresponda.*

a. My little sister always asks for "bisgetti sic and meatballs."

____

b. That side has only twenty six inches.

____

c. Her husband is an ex football player.

____

3. *Escribe un breve diálogo entre dos personajes. Uno dice cosas aparte o en voz b*
de modo que su interlocutor no se entere de toda la información, pero el público s
Usa los paréntesis, rayas y corchetes que necesites para indicar los dos niveles d
conversación. Al llegar al final de cada renglón, presta atención a la sepación de
palabras.

____

____

____

27.6 *El apóstrofo*

◆ Formación del posesivo a partir de un sustantivo

→ Concepto clave

Se forma el posesivo agregándole un apóstrofo y una -s a la
mayoría de los sustantivos singulares y a los sustantivos plurales
no terminados en -s ni en -es. Los plurales terminados en -s o en
-es forman el posesivo añadiendo sólo el apóstrofo.

◆ Formación del posesivo a partir de un pronombre

→ Concepto clave

Para formar el posesivo a partir de pronombres indefinidos se le
agrega un apóstrofo y una -s al pronombre.

◆ Formación de las contracciones

→ Concepto clave

Una contracción se forma quitando una o más letras de una
expresión y escribiendo un apóstrofo. La mayoría de las
contracciones se forman al unir un verbo con la partícula
negativa *not*, o un verbo con el pronombre sujeto que le antecede.
También se usan contracciones de números para escribir el año
en forma abreviada, y de algunas palabras en poesías y en los
diálogos.

> **¡Ojo!**
> Las formas posesivas de
> los pronombres
> personales *his, hers, its,
> ours, yours, theirs* ya
> indican posesión en sí
> mismas; no se les debe
> agregar el apóstrofo.

> En tu libro de texto en inglés aparece una tabla de contracciones
> con verbos.

Practica ✎

1. *Escribe las siguientes frases con la forma posesiva.*

a. the tip for the waitress _______________________

b. the test score of Howard _______________________

c. a cruise for six weeks _______________________

d. the leash of the puppy _______________________

2. *Completa las siguientes oraciones usando las contracciones correspondientes.*

a. We ____________ expect too much more help from Teddy. (cannot)

b. I hope ____________ pleased with her gift. (she is)

c. These pictures ____________ the ones we took on vacation. (are not)

d. ____________ been waiting for that bus for an hour. (They have)

Aplica ✍

3. *Escribe el relato de un viaje, excursión o paseo que hayas hecho con otras dos o tres personas. Explica qué llevaba cada cual, de cuánto tiempo fue el paseo y qué hizo cada uno. Usa las formas posesivas del pronombre y otras con apóstrofo, por lo menos tres veces. Usa las contracciones siempre que puedas.*

____

____

____

CAPÍTULO 28

Hablar, escuchar, observar y presentar

La gente comunica y recibe información de cuatro maneras principales: al hablar, al escuchar, al observar y al presentar información. Cuanto más desarrolles estas destrezas o estrategias, más fácil te será comunicar tus ideas y entender mejor las ideas de otras personas.

28.1 *Destrezas para hablar y escuchar*

Si desarrollas buenas estrategias para hablar, podrás contribuir positivamente a las charlas de grupo de tu clase, sentirte más seguro al hacer presentaciones orales y comunicar tus sentimientos e ideas más fácilmente a otras personas. Si mejoras tus estrategias para escuchar, te será más fácil concentrarte en lo que se dice durante la clase y comprender mejor la información.

◆ Hablar en un grupo

En una charla de grupo, se discuten ideas y temas libremente en un ambiente informal. Las charlas de grupo en las que vas a participar con más frecuencia ocurrirán principalmente en la escuela con tus compañeros y sobre los temas que estás estudiando. Para poder aprovechar estas charlas de grupo, debes participar en ellas.

◆ Dar un discurso

Hacer una presentación oral o dar un discurso es lo que se conoce como "hablar en público". Para llegar a ser un buen orador, debes familiarizarte con diferentes tipos de discursos y acostumbrarte a hablar en público en forma fluida y con seguridad.

◆ Escuchar críticamente

¿Sabías que hay una diferencia entre oír y escuchar? Oír es lo que haces naturalmente cuando los sonidos llegan a tus oídos. Escuchar, o escuchar críticamente, requiere que entiendas e interpretes lo que oyes.

Recuerda que debes:

- poner atención a lo que dice el orador,
- interpretar lo que se dice y cómo se dice, incluyendo los gestos, el tono de voz y las expresiones faciales,
- responder al mensaje del orador.

　　　　　　Spanish-Speakers' Handbook　**119**

28.2 *Destrezas de observación*

El uso de imágenes es un importante método de comunicación. Ves ejemplos de esto en la televisión, los periódicos, revistas, libros de texto y en las obras de arte.

◆ Interpretar mapas y gráficas

Los mapas y las gráficas son instrumentos importantes para ayudar a los lectores a entender información compleja. Como estos elementos te ayudan a entender algo visualmente, a veces se los llama "ayudas visuales". Para poder leer o interpretar estas ayudas visuales, necesitas saber las características de cada una.

Mapas

Un mapa puede presentar muchos tipos de información, además de la ubicación de ciudades y accidentes geográficos. Por ejemplo, puede identificar áreas con población, zonas de cultivos o dar información sobre el estado del tiempo.

Gráficas

Las gráficas ofrecen una manera visual de comparar información que está relacionada. Hay tres tipos de gráficas: gráfica lineal, gráfica circular y gráfica de barras. En tu libro de texto en inglés aparecen varios ejemplos de estas gráficas.

◆ Considerar críticamente los medios informativos

Piensa cuidadosamente en lo que ves y oyes. Como los medios informativos distribuyen enormes cantidades de información, es importante que aprendas las diferencias entre los diferentes medios.

→ Concepto clave

Aprende a identificar y evaluar los varios tipos de información e imágenes que se encuentran en los medios informativos no impresos.

- **Reconoce los tipos de medios informativos.**
- **Evalúa las técnicas de persuasión.**
- **Evalúa la información de los medios de difusión.**

◆ Considerar críticamente las obras de arte

Cuando ves y evalúas una obra de arte, pinturas, dibujos, fotografías o esculturas, usas estándares diferentes a los que usas para evaluar un programa de televisión, aun si la obra de arte tiene un mensaje político o social. El énfasis en identificar tendencias, connotaciones del lenguaje y opiniones se convierte en un examen de línea, forma, color y movimiento.

28.3 *Estrategias de presentación*

La presentación visual, o sea el uso de imágenes, es un método importante para comunicar ideas. Puedes diseñar tus propias presentaciones visuales por medio de organizadores gráficos, presentaciones de multimedia y actuaciones.

◆ Crear presentaciones visuales

Cuando lees, investigas, estudias o presentas ideas complicadas, puedes usar ayudas visuales para dar una estructura a tu material. Esto hace que la información se entienda más fácilmente.

◆ Usar el formato

Puedes mejorar tu trabajo escrito si usas los elementos básicos del formato de tu programa procesador de textos. Estos elementos incluyen la letra en negrita (**negrita** cursiva *(cursiva)*, las mayúsculas, diferentes tamaños de letra y puntos, entre otros.

◆ Trabajar con multimedia

Una presentación oral se convierte en una presentación de multimedia cuando el orador explica los puntos principales mediante el uso de música, tablas, transparencias o video. Si la presentación es planeada y realizada cuidadosamente, puede dar muy buena impresión al público.

◆ Preparar un video

Los videos ayudan a la audiencia a recordar los puntos claves de tu discurso. Al margen de cuál sea su duración o su propósito, la realización de un video requiere de una detallada preparación.

◆ Representar o interpretar

Representar es una de las formas más antiguas y efectivas de comunicar información, pero recuerda que ser un buen intérprete requiere ciertas habilidades y práctica.

→ Concepto clave

Puedes usar una variedad de técnicas para trasmitir el significado de un escrito o canción.

◆ Reflexiona sobre lo que dijiste, escuchaste, observaste o presentaste

Repasa los diferentes conceptos que viste en este capítulo. Escribe una reflexión de una página sobre tus experiencias y responde a las siguientes preguntas:

- ¿Ha mejorado mi conocimiento en reconocer la importancia de mis destrezas al hablar y escuchar?
- ¿Qué destrezas me han ayudado a ser más crítico en mis prácticas de observación?
- ¿Qué tipo de representaciones visuales considero mejores a la hora de representar?
- ¿Qué actividades de esta sección me han parecido más interesantes? ¿Cuáles más difíciles? ¿Por qué?

CAPÍTULO 29

Vocabulario y ortografía

Las palabras que usas y la manera en que las expresas se pueden combinar para crear un mensaje bien presentado. Tu vocabulario incluye todas las palabras que conoces y usas al hablar, escribir y leer. Si aumentas tu vocabulario, podrás entender y comunicar mejor ideas y emociones. Una buena ortografía también es un elemento esencial para comunicarse bien.

29.1 *Desarrolla tu vocabulario*

Para aumentar tu vocabulario, es necesario que desees saber más sobre las palabras y sus significados. Hay varios métodos y técnicas para hacer esto.

◆ Escuchar, hablar y leer

→ Concepto clave

Escuchar, leer y hablar son las maneras más comunes de desarrollar tu vocabulario.

Escucha y usa palabras nuevas Cuando eras un bebé no podías usar palabras para comunicar tus deseos y necesidades. Hacías mucho ruido, pero todo el mundo tenía que adivinar qué querías. Sin embargo, antes de poder decir una sola palabra, ya entendías muchas. La gente te hablaba y tú escuchabas atentamente. En poco tiempo, empezaste a hablar y pronto empezaste a unir las palabras en oraciones y a seguir reglas gramaticales, casi sin darte cuenta.

Lee sobre diferentes temas Probablemente encuentres más palabras que no conoces al leer que en cualquier otra ocasión. El vocabulario escrito de las personas es generalmente mucho más grande que su vocabulario hablado.

Cuanto más variadas sean tus lecturas, más variedad tendrá tu vocabulario. Trata de leer sobre una gran cantidad de temas en libros de texto, periódicos, revistas, novelas, poemas y artículos en Internet.

◆ Reconocer las claves del contexto

→ Concepto clave

El **contexto** de una palabra son las palabras que la acompañan en la oración, o la situación en que se usa la palabra.

Hay muchos tipos de claves del contexto, entre ellos: la descripción, el ejemplo, la repetición, la comparación y contraste, y los sinónimos y antónimos.

◆ **Denotación y connotación**

La **denotación** de una palabra es su definición literal. Su **connotación** incluye las id
imágenes y sentimientos asociados con esa palabra.

◆ **Identificar palabras relacionadas**

Los **sinónimos** son palabras que tienen un significado similar. Los **antónimos** son
palabras que tienen significados opuestos. Los **homófonos** son palabras que suenan
igual, pero tienen diferentes significados y se escriben de distinta manera.

◆ **Usar palabras relacionadas en analogías**

Hacer **analogías** te ayudará a reforzar tu vocabulario, ya que aumentará tu comprensión
hacia las relaciones entre el significado de las palabras.

29.2 *Estudiar las palabras sistemáticamente*

◆ **Usar un diccionario y un diccionario de sinónimos**

Un **diccionario** te dice el significado, la ortografía y la pronunciación de las palabras. Un
diccionario de sinónimos te da una lista de palabras con significados similares.

◆ **Recordar las palabras de vocabulario**

Además de los diccionarios, existen otras técnicas de estudio que te ayudarán a recordar
las palabras de vocabulario:
Usar un cuaderno de vocabulario
Usar tarjetas y una grabadora de audio
Practicar con un compañero

29.3 *Estudiar las partes y los orígenes de las palabras*

Cuando analizas las partes de una palabra desconocida, puedes hallar claves para
determinar su significado. Muchas palabras tienen un prefijo, una raíz y un sufijo.

◆ **Usar prefijos**

Un **prefijo** consiste en una o más sílabas colocadas delante de la raíz de la palabra.

◆ **Identificar raíces**

La **raíz** contiene el significado de la palabra. Reconocer las raíces de las palabras te
ayudará a desvelar su significado.

◆ **Usar sufijos**

Un sufijo consiste en una o más sílabas añadidas al final de la raíz de una palabra. Se
puede usar para formar nuevas palabras.

◆ Explorar la etimología

La **etimología** de una palabra es el origen e historia de la palabra. Conocer la etimología de una palabra te puede ayudar a entender su significado.

29.4 *Mejorar la ortografía*

◆ Estudiar las palabras problemáticas

Métodos como corregir, o las técnicas de estudio, te ayudarán a aprender la ortografía de aquellas palabras que te crean problemas o aquellas que sólo se usan en contadas ocasiones.

◆ Crear un cuaderno de ortografía

Acostúmbrate a hacer listas de todas las palabras en las que cometes errores de ortografía frecuentemente. Puedes agrupar estas palabras en dos categorías. La primera puede incluir las palabras que te resultan particularmente difíciles y en las que cometes muchos errores. La segunda categoría puede incluir las palabras en las que cometes errores que siguen un patrón.

◆ Seguir las reglas de la ortografía

Si bien algunas palabras presentan problemas, la mayoría de las palabras en inglés siguen patrones regulares. Algunos de esos patrones son:

Plurales

→ Concepto clave

La forma regular plural de la mayoría de los sustantivos se forma añadiendo *-s* o *-es* a la forma singular.

Plurales regulares Como regla general, puedes agregar *-s* al sustantivo para formar su plural. Sin embargo, con ciertos sustantivos regulares puedes elegir entre agregar *-s* o *-es*. En ciertas palabras tal vez tengas que cambiar una o dos letras.

1. Para formar los plurales de palabras que terminan en *s, ss, x, z, sh, ch*, añade *-es* a la raíz de la palabra.
2. Para formar los plurales de palabras que terminan en *y*, u *o*, precedidas por una vocal, añade *-s* a la raíz de la palabra.
3. Para formar los plurales de palabras que terminan en *y*, precedida por una consonante, cambia la *y* a una *i* y añade *-es*. Para la mayoría de las palabras que terminan en *o*, precedida por una consonante, añade *-es*. Para los términos de música que terminan en *o*, simplemente añade *-s*.
4. Para formar los plurales de algunas palabras que terminan en *f,* o *fe*, puedes añadir *-s* o puedes cambiar la *f* o *fe* a *v* y añadir *-es*. Para las palabras que terminan en *ff*, añade *-s*.

Plurales irregulares Los plurales irregulares no se forman de acuerdo con las reglas anteriores. Puedes, sin embargo, hallar estas reglas en algunos diccionarios, inmediatamente después de la pronunciación de las palabras.

Sobre los plurales de palabras compuestas Las palabras compuestas que se escriben como una sola palabra siguen las reglas generales para formar plurales. Para formar los plurales de las palabras compuestas que se escriben con un guión o como palabras separadas, pasa al plural la palabra que se modifica.

Añadir prefijos y sufijos

Un **prefijo** consiste en una o más sílabas agregadas al principio de una palabra para formar una nueva palabra. Un **sufijo** está formado por una o más sílabas añadidas al final de la palabra.

➜ Concepto clave

Agregar un **prefijo** a una palabra no afecta cómo se escribe la palabra original. Agregar un **sufijo,** con frecuencia implica cambiar cómo se escribe la palabra.

Ortografía de las palabras con *ie* y *ei*, y palabras acabadas en *-cede, -ceed* y *-sede.*

Las palabras que contienen *ie* y *ei* además de las acabadas en *-cede, -ceed* y *-sede* suelen dar problemas a la hora de escribirlas. Existen normas de ortografía y también excepciones que deben memorizarse.

Otras terminaciones problemáticas

Hay determinados grupos de sufijos que suenan muy parecido pero que se escriben de diferente manera, como los sufijos *-able e -ible, -ance* y *-ene, -ery* y *-ary, -sy, -efy e -ify* y *-vous, -eous e -ious.*

◆ Leer cuidadosamente y reflexionar sobre la ortografía y el vocabulario

Cuando corrijas tu trabajo, fíjate en la ortografía palabra por palabra.

◆ Reflexiona en la ortografía y el vocabulario

Repasa tu lista de ortografía, las normas y tus métodos para aprender a escribir y aumentar tu vocabulario.

CAPÍTULO 30

Lectura

En los grados anteriores tus maestros te decían que tenías que aprender a leer. Este año tienes que leer para aprender. Ser un buen lector de obras de ficción y de no ficción significa considerar lo que vas a leer y usar las estrategias de evaluación y formar opiniones.

30.1 *Métodos de lectura*

Para entender mejor lo que dice un libro, tienes que determinar tú mismo cuál es su mensaje.

◆ Las secciones de un libro de texto

➜ Concepto clave

Usa las secciones especiales de tu libro de texto para familiarizarte con sus funciones.

- **Tabla de contenido**
- **Prefacio o Introducción**
- **Índice**
- **Glosario**
- **Apéndice**
- **Bibliografía**

◆ Familiarízate con la organización de tu libro de texto

Utiliza la organización de tu libro de texto en cuanto a títulos, secciones, preguntas y ejercicios, y fotos y gráficos para facilitar la lectura y el estudio.

◆ Usar diferentes estilos de lectura

➜ Concepto clave

Escoge el estilo de lectura más adecuado según el texto y tu objetivo.

- **Dar un vistazo**
- **Recorrer el texto**
- **Leer detenidamente**
- **Usar las relaciones pregunta/respuesta (QARs)**
- **Usar técnicas de estudio**

◆ Usar el método *SQ4R*

También puedes usar la organización de un libro de texto para estudiar temas especí~
si te familiarizas con las siguientes estrategias: Inspeccionar *(Survey)*, Hacer pregunt;
(Question), Leer *(Read)*, Tomar notas *(Record)*, Repetir *(Recite)* y Repasar *(Review)*. Tod
estas estrategias juntas forman el método *SQ4R*.

◆ Usar esquemas

Hacer una **reseña** del material que lees te ayudará a entender mejor la información.
Cuando hagas una reseña, escribe las ideas principales y los detalles de apoyo de un
tema.

→ Concepto clave

Usa una reseña para ordenar las ideas y la información importante.

◆ Usar organizadores gráficos

Un organizador gráfico es una buena herramienta para resumir y repasar información,
como también para mostrar relaciones entre ideas. Como la información está organizada
visualmente, el organizador gráfico te da un panorama general del tema.

30.2 Leer no ficción críticamente

◆ Analizar y valorar

Utiliza las siguientes estrategias de lectura:

Haz inferencias para obtener aquellos detalles que no aparecen de forma explícita.

Haz generalizaciones para relacionar hechos y detalles.

Identifica el propósito del autor ya que la manera en que se presenta el material influirá
en el lector.

Evalúa las afirmaciones del autor Analiza la importancia de las afirmaciones, ejemplos o
razonamientos del autor.

Evalúa la credibilidad Analiza la autoridad o grado de conocimiento del autor sobre el
tema que trata.

Identifica las técnicas de persuasión Valora la lógica utilizada, la relevancia de los
asuntos tratados y el valor emocional con que se presentan las cosas.

Evalúa el trabajo de autor Considera la lógica de los puntos tratados, la organización del
material y los puntos de interés.

◆ Distingue entre hechos y opiniones

Un **hecho** es aquello que puede ser probado. Una **opinión** es algo subjetivo y para ser
aceptada debe apoyarse en hechos relacionados.

◆ Evaluar el razonamiento

Debes pensar lógicamente para obtener conclusiones válidas. Existe el **razonamiento inductivo,** que consiste en obtener conclusiones a partir de hechos concretos, y el **razonamiento deductivo,** que consiste en aplicar a un caso específico un razonamiento obtenido a partir de una generalización.

◆ Examinar el lenguaje del autor

Los autores pueden usar diferentes tipos de lenguaje para hacer que pienses o sientas de una cierta manera sobre las ideas que presentan.

Es importante que conozcas los distintos usos del lenguaje y lo que se puede conseguir al utilizarlos:

La **denotación** es el significado literal de la palabra; la **connotación** es el significado añadido por el contexto. La **ironía,** la **subestimación,** las **jergas** o los **eufemismos** son otros recursos del lenguaje.

30.3 *Leer obras literarias*

La literatura es una forma de escritura imaginativa que comprende las novelas, cuentos, poemas y obras de teatro.

◆ Analizar y evaluar

Utiliza las diferentes destrezas de lectura, como establecer un **propósito de lectura, hacerse preguntas, releer, relacionar, leer en voz alta, analizar** o **responder,** para mejorar tu comprensión de la lectura.

◆ Leer ficción

Todos los elementos de una obra de ficción han sido escogidos por una razón específica. Las distintas estrategias de lectura como **imaginarse la acción, relacionar lo leído con tus experiencias, hacer preguntas y predicciones, hacer inferencias y sacar conclusiones,** o **relacionar la obra con un contexto histórico** te ayudarán a apreciar todos esos elementos.

◆ Leer obras de teatro

La historia de una obra de teatro se cuenta mayormente a través de diálogos y accione
direcciones escénicas indican cuándo y cómo los actores deben moverse en el escenari
También pueden indicar los tipos de iluminación y sonidos que son parte de la obra.

Cuando lees una obra de teatro, es importante que recuerdes que fue escrita para
representada.

- **Imagínate la acción**
- **Relaciona la obra con su contexto histórico**
- **Resume lo que ocurrió después de cada acto o escena**

◆ Leer poesía

→ Concepto clave

Un poema es una combinación de imágenes y detalles que crean una impresión total. Para
desuelar su significado deberás usar diferentes estrategias.

- **Identifica al narrador**
- **Utiliza los sentidos**
- **Relaciona la estructura con el significado**
- **Parafrasea**
- **Relaciona con un contexto histórico**
- **Escucha el poema**

30.4 *Leer de varias fuentes*

Puedes encontrar todo tipo de información en una variedad de fuentes, como libros,
revistas, páginas Web, periódicos, cartas, discursos y en muchos otros formatos. Si te
familiarizas con las diferentes fuentes de información, podrás investigar y aprender
diferentes temas.

- **Lee diarios personales y cartas**
- **Lee periódicos**
- **Lee transcripciones de discursos y entrevistas**
- **Lee textos electrónicos**

◆ Reflexiona sobre lo que leíste

Luego de haber practicado las estrategias de lectura durante aproximadamente una
semana, escribe un párrafo sobre tu experiencia.

CAPÍTULO 31

Estudio, consultas y pruebas

En este capítulo vas a aprender a aprovechar tu tiempo de estudio, a ampliar tus estrategias para buscar información y también recibirás valiosas sugerencias para mejorar tus calificaciones en las pruebas.

31.1 Destrezas básicas de estudio

Para estudiar bien necesitas tiempo, organización y práctica. Necesitas estudiar en un lugar adecuado, llevar un registro de tus proyectos y tener un cuaderno para tomar notas de una manera organizada.

◆ Desarrolla un plan de estudio

Establece un **lugar** y un **horario** para estudiar. Planifica un horario que se ajuste a tus necesidades. Varía el tiempo que dedicas a cada materia, de acuerdo a las pruebas y a los proyectos a corto y largo plazo que tengas. Dedica tiempo adicional a esas materias que te resulten más difíciles.

◆ Crea un cuaderno de tareas

Usa tu cuaderno para anotar tus tareas, tus proyectos a largo plazo y las fechas en que debes completarlos.

◆ Toma notas

Tomar notas es un método activo para organizar lo que debes aprender.

Reseña modificada

Una de las mejores maneras de tomar notas rápidamente es usar una reseña modificada, en la cual escribes junto al margen del texto una lista de las ideas principales y los detalles de apoyo más importantes. En tu libro en inglés aparece un ejemplo de reseña modificada.

Resumen

Hacer resúmenes es una buena manera de obtener información. Escribe en tus propias palabras y con oraciones completas las ideas más importantes.

31.2 Destrezas para consultar información

Vives en lo que se ha dado en llamar la "Era de la información". Para acceder a la er
cantidad de información que hay disponible, necesitas desarrollar tus estrategias pa
hacer consultas.

◆ Descripción general de una biblioteca

La mayoría de las bibliotecas escolares y públicas tienen al menos algunos de estos
recursos: libros de ficción y de no ficción, audiocasetes y videocasetes, publicaciones
periódicas (diarios y revistas), microfilmes, archivos verticales para folletos, mapas y otros
impresos pequeños, libros de referencia impresos y electrónicos, y computadoras para
consultar la Internet.

Uso del catálogo Un catálogo es un registro en orden alfabético de los libros y materiales
audiovisuales existentes en una biblioteca. En la actualidad muchas bibliotecas tienen
tres tipos de catálogos: de tarjetas, impresos y electrónicos.

Del catálogo al estante Además del título y nombre del autor, en los catálogos también
aparece un símbolo que indica en lugar exacto donde se hallan los libros en los estantes.
Para hallar un libro, debes hacer corresponder el símbolo del catálogo con el símbolo con
el que se ha marcado el libro. Ten en cuenta que estos símbolos siguen un sistema de
clasificación, tal y como el Sistema Decimal de Dewey.

Biografías y materiales especiales Muchas bibliotecas clasifican los libros en ficción
(obras creadas por el autor) y no ficción (obras basadas en datos verídicos). Dentro de la
no ficción se incluyen las biografías, es decir, obras escritas por un autor acerca de los
hechos de su vida.

◆ Usar publicaciones periódicas, índices de periódicos y archivos verticales

Las publicaciones periódicas son aquéllas que se publican a determinados intervalos,
como los periódicos (todos los días) y las revistas (semanalmente, cada mes, etc.). Para
hallar artículos publicados en periódicos o revistas tienes que consultar el índice de
periódicos. Puedes hallar esta información en folletos que se guardan en los archivos
verticales.

→ Concepto clave

Usa los **periódicos** para buscar información sobre temas del momento, usa los **índices de
periódicos** para hallar artículos específicos y usa los archivos verticales para hallar
impresos de pequeño tamaño. Los archivos verticales están organizados en orden
alfabético.

◆ Usar diccionarios

Un diccionario te dice el significado de una palabra, su pronunciación, cómo se usa en
oraciones y, a veces, su historia.

◆ Usar otras obras de referencia

La mayoría de los trabajos de referencia, ya sea impresos o electrónicos, tienen su propia sección en las bibliotecas. Entre éstos se encuentran las enciclopedias, los anuarios o almanaques, los atlas y los libros de referencia especializados.

◆ Obras de referencia electrónicas

Las bibliotecas también cuentan con videos, CD-ROMs y bancos de datos electrónicos.

◆ Usar la Internet

Puedes usar la Internet para buscar toda clase de información, pero recuerda que siempre debes verificar esta información.

31.3 Destrezas para tomar pruebas

◆ Tomar pruebas

Las pruebas son una parte integral de la educación y ocupan un papel muy importante en la admisión de estudiantes en universidades, escuelas de postgrado y muchas ocupaciones.

Estrategias para tomar pruebas El aprendizaje de ciertas destrezas te puede ayudar a tomar pruebas de manera más eficiente:

- Da un vistazo a la prueba para que te familiarices con el tipo de preguntas y decide cuánto tiempo puedes dedicar a cada pregunta.
- Contesta las preguntas más fáciles primero y dedica el tiempo restante a contestar las preguntas más difíciles.
- Lee tus respuestas cuidadosamente y cerciórate de haber contestado todas las preguntas.

Los distintos tipos de pruebas Familiarízate con los diferentes tipos de pruebas y las mejores estrategias para responderlas.

◆ Tipos de pruebas estandarizadas

Además de las pruebas de las materias que estudias, también vas a hacer otras prueᵇ
estandarizadas, que toman todos los estudiantes de los Estados Unidos. Las siguient
son algunas descripciones de estas pruebas:

PSAT Esta prueba, o examen, se toma antes que la prueba SAT. Todos los estudiantᵉˢ ᵈᵉᵗ
país hacen esta prueba. El PSAT te dará la oportunidad de practicar para el SAT. Ambos
exámenes tienen casi el mismo formato, con la excepción de que el PSAT tiene menos
secciones y que tiene secciones que examinarán tu conocimiento de uso y puntuación del
lenguaje, que el SAT no tiene.

SAT Muchas universidades usan los resultados de esta prueba como un factor importante
para aceptar estudiantes. Se da en todo el país, una vez al mes, de octubre a junio, con
excepción de febrero. Si no estás satisfecho con tus notas en el SAT, puedes hacer la
prueba de nuevo. Sin embargo, las universidades reciben todas las notas que sacaste en
esta prueba, desde las más antiguas hasta las más recientes. El SAT tiene una sección de
matemáticas y una sección verbal. La parte verbal tiene las siguientes secciones:

1. **Completar oraciones** Estas preguntas prueban tu conocimiento del idioma al pedirte
   que completes una oración o pasaje con la palabra apropiada.
2. **Preguntas sobre analogías** En estas preguntas tienes que hallar pares de palabras que
   expresan una relación similar.
3. **Preguntas de lectura crítica** Éstas son preguntas de opción múltiple, relacionadas con
   un par de pasajes que debes leer antes de contestarlas.
4. **Secciones de escritura** En estas secciones deberás escribir sobre algún tema.

ACT Ésta es otra prueba que usan las universidades como un factor para aceptar
estudiantes. Todas las preguntas son de opción múltiple y son sobre inglés, matemáticas,
lectura, ciencias y razonamiento crítico. La parte de inglés te pide que identifiques errores
gramaticales, de uso, de puntuación, lógica y organización. La parte de lectura te da
cuatro pasajes sobre diferentes temas, seguidos de preguntas que prueban tus estrategias
de lectura y de razonamiento.

◆ Reflexiona sobre tus destrezas para hacer pruebas

Piensa en las destrezas de esta sección y cómo se aplican a tu vida. Pregúntate:

- ¿Cómo puedo manejar mi tiempo de mejor manera cuando hago una prueba?
- ¿Cómo puedo aplicar las destrezas de este capítulo a la hora de hacer una prueba?

El trabajo

Muchas de las estrategias que contribuyen a que tengas éxito en la escuela también te servirán para tener éxito en tu trabajo. Ya sea que tengas que tratar con el público, investigar y desarrollar nuevos productos o trabajar en algún oficio, tus estrategias para hablar, escribir, leer, escuchar y tratar con gente tendrán gran importancia para que tengas una carrera productiva.

Este capítulo te ayudará a desarrollar nuevas estrategias o a mejorar las que ya tienes en áreas importantes, como comunicarse con otras personas, establecer y alcanzar metas y resolver problemas.

◆ Trabajar con gente

En la escuela, aprendes a trabajar con tus compañeros y maestros. En tu lugar de trabajo, deberás relacionarte con tus supervisores, compañeros de trabajo y clientes de una manera profesional y eficaz.

En la entrevista Cuando solicitas a una universidad que te acepte como estudiante, cuando compites con otras personas por un trabajo o pides ser parte de un club de la escuela, saber qué hacer durante una entrevista aumentará la probabilidad de que te acepten. Sigue estas sugerencias:

Antes de la entrevista

1. Averigua cuándo y dónde se realizará la entrevista y el nombre de la persona que te entrevistará.
2. Lleva referencias y una copia de tu currículum.
3. Infórmate sobre la compañía, grupo, universidad o persona con la que tienes la entrevista.
4. Lleva ropa limpia y adecuada para la entrevista.

Durante la entrevista

1. Sonríe y mira a la persona que te entrevista.
2. Responde y pregunta de manera cortés y breve.
3. Da las gracias a la persona que te entrevistó y pregúntale cuándo van a tomar una decisión.

Después de la entrevista

1. Escribe una carta en la que repites tu interés en el trabajo, grupo o universidad y agradece la atención que te dieron.
2. Cuando se acerque la fecha en que deben tomar la decisión, llama por teléfono para averiguar si tienen noticias para ti.

◆ Tratar con gente efectivamente

Ya sea en la escuela o en el trabajo, la comunicación requiere que trates con persona
tienen personalidades, métodos de trabajo, necesidades y opiniones diferentes de los
tuyos.

➔ Concepto clave

Una comunicación efectiva requiere que seas respetuoso y considerado con otras
personas.

◆ Aprender a trabajar en equipo

Para que un proyecto de equipo tenga éxito, todas las personas del equipo deben trabajar
juntas para alcanzar un objetivo común. Si bien las personalidades y opiniones de los
miembros del equipo pueden variar, los esfuerzos de todos los miembros deben estar
dirigidos hacia la meta común.

Participar en discusiones de grupo Las discusiones de grupo brindan la oportunidad de
que cada persona tenga acceso a, y considere, varias ideas. Por ejemplo, cuando una
compañía comienza un proyecto importante, con frecuencia pide a empleados de
diferentes secciones que cooperen con su experiencia y conocimientos en la etapa de
planeamiento. Por esta razón es importante que todos los miembros del equipo participen
en estas discusiones.

➔ Concepto clave

Una buena participación sólo se logra si todos los miembros del equipo contribuyen con
sus ideas y permiten que otros hagan lo mismo.

Responsabilidades y tareas Las discusiones de grupo pueden mejorarse si las
responsabilidades se comparten sistemáticamente. Si un grupo se reúne regularmente, los
miembros del grupo deben turnarse para cumplir con estas responsabilidades y tareas.

➔ Concepto clave

Los miembros de un equipo asumen funciones distintas, pero igualmente importantes,
para alcanzar el fin común.

Consejos para una participación eficiente Ya sea que formes parte de un equipo que se
reúne regularmente o que participes en una sola reunión, considera estas sugerencias:

- Lleva ideas o documentos importantes a la discusión.
- Usa un temario, o sea, una lista de temas a ser considerados.
- Comparte tu punto de vista y anima a que otros hagan lo mismo.
- Concéntrate en el tema a tratar.
- Sigue todas las decisiones o planes que adoptó el grupo.

◆ Alcanzar metas

Las metas, es decir los fines alcanzables y evidentes que te fijas, pueden llevarte mucho o poco tiempo para lograr. También pueden ser muy diferentes, desde mejorar tus calificaciones hasta llegar a ser presidente de tu clase o conseguir un trabajo en una tienda de tu comunidad. A medida que te fijas metas para distintas partes de tu vida, es posible que algunas de ellas sean incompatibles. Tú debes decidir cuál de las metas es más importante para ti.

Metas personales y profesionales

Las metas personales son las que afectan tu estilo de vida y tu desarrollo como persona. Por ejemplo, puedes decidir saber más sobre tu pasatiempo favorito o ser más considerado con las personas.

Las metas profesionales son las que afectan tu oficio o profesión. Por ejemplo, tal vez decidas estudiar para ser programador de computadoras o terminar un proyecto importante sin sobrepasar tu presupuesto.

Si bien las metas personales y las profesionales son diferentes, con frecuencia se afectan entre sí. Por consiguiente, tú debes identificar las que tienen más importancia para ti.

Establecer y alcanzar metas Para establecerte una meta, define claramente cuál será el resultado de alcanzarla. Esto te permitirá saber exactamente hacia qué fin estás trabajando. El siguiente paso, igualmente importante, es esforzarte para alcanzarla.

→ Concepto clave

Las metas deben ser específicas y deben incluir un determinado período de tiempo para completarlas.

◆ Administrar tiempo

Cualquiera que sea la profesión que elijas, sin duda vas a encontrarte con tareas que deberás completar dentro de un cierto tiempo. Saber cómo administrar bien tu tiempo puede ser la diferencia entre poder completar las tareas o no.

→ Concepto clave

Para administrar tu tiempo, usa horarios y listas para planear tus actividades del día y de la semana.

◆ Administrar dinero

Para mantener tus gastos bajo control, puedes hacer un presupuesto, o plan de gastos. Desde el ejecutivo a cargo de finanzas de un banco importante hasta el administrador de una pequeña oficina, muchos empleados deben registrar los gastos realizados y mantenerse dentro de un presupuesto.

→ Concepto clave

Para administrar dinero, sigue un presupuesto, establece metas financieras y ahorra para alcanzarlas.

◆ Usar las estrategias matemáticas

Cuando comiences a usar las estrategias matemáticas que aprendiste en clase, descubrirás que las matemáticas tienen muchas aplicaciones prácticas y que ellas, junto con un conocimiento de computadoras, serán una ventaja en cualquier profesión que sigas.

→ **Concepto clave**

→ **Concepto clave**
Las estrategias matemáticas te ayudarán a ser un mejor consumidor, a planificar tus ganancias y a determinar cuánto vale tu tiempo. Piensa en los siguientes puntos:

- **Determina cuál es la mejor compra**
- **Planifica tus ganancias**
- **Determina el valor de tu tiempo**

◆ Usar las computadoras

Cuanto más sepas sobre tu computadora, más útil te será. Debes comenzar practicando en el teclado, para escribir rápidamente y sin errores. Luego, aprende los elementos de formato. Tal vez hasta quieras aprender algunos programas más complicados como hojas de cálculo o aplicaciones gráficas.

→ **Concepto clave**
Un conocimiento general de tu computadora puede mejorar tu trabajo.

◆ Reflexiona sobre tus destrezas del trabajo

Piensa en tu preparación para trabajar. Empieza respondiendo a estas preguntas:

- ¿En qué áreas me desempeño mejor? ¿Por qué?
- ¿Qué destrezas debo aprender mejor? ¿Por qué?